Kohlhammer

Störungsspezifische Psychotherapie

Herausgegeben von Anil Batra und Fritz Hohagen

Sandra Becker
Stephan Zipfel
Martin Teufel

Psychotherapie der Adipositas

Unter Mitarbeit von Roswitha Schabert, Isabelle Mack,
Albrecht Rilk und Beate Wild

Verlag W. Kohlhammer

Dieses Werk einschließlich aller seiner Teile ist urheberrechtlich geschützt. Jede Verwendung außerhalb der engen Grenzen des Urheberrechts ist ohne Zustimmung des Verlags unzulässig und strafbar. Das gilt insbesondere für Vervielfältigungen, Übersetzungen, Mikroverfilmungen und für die Einspeicherung und Verarbeitung in elektronischen Systemen.

Die Wiedergabe von Warenbezeichnungen, Handelsnamen und sonstigen Kennzeichen in diesem Buch berechtigt nicht zu der Annahme, dass diese von jedermann frei benutzt werden dürfen. Vielmehr kann es sich auch dann um eingetragene Warenzeichen oder sonstige geschützte Kennzeichen handeln, wenn sie nicht eigens als solche gekennzeichnet sind.

Es konnten nicht alle Rechtsinhaber von Abbildungen ermittelt werden. Sollte dem Verlag gegenüber der Nachweis der Rechtsinhaberschaft geführt werden, wird das branchenübliche Honorar nachträglich gezahlt.

1. Auflage 2015

Alle Rechte vorbehalten
© W. Kohlhammer GmbH, Stuttgart
Gesamtherstellung: W. Kohlhammer GmbH, Stuttgart

Print:
ISBN 978-3-17-023062-0

E-Book-Formate:
pdf: ISBN 978-3-17-025123-6
epub: ISBN 978-3-17-025124-3
mobi: ISBN 978-3-17-025125-0

Für den Inhalt abgedruckter oder verlinkter Websites ist ausschließlich der jeweilige Betreiber verantwortlich. Die W. Kohlhammer GmbH hat keinen Einfluss auf die verknüpften Seiten und übernimmt hierfür keinerlei Haftung.

Inhalt

Vorwort 11

Die Autoren 13

Teil A: Grundlagen 15

1 Einführung: Zur Bedeutung von Adipositas 17
  Sandra Becker und Stephan Zipfel

2 Diagnosekriterien der Adipositas 18
  Sandra Becker und Stephan Zipfel
2.1 Klassifikation 18
2.2 Epidemiologie 19

3 Ätiologie 20
  Sandra Becker, Isabelle Mack und Stephan Zipfel
3.1 Genetische Veranlagung 20
3.2 Essverhalten 21
3.3 Bewegungsmangel 22
3.4 Psychische Faktoren 23
3.5 Hormonelle Störungen 23
3.6 Medikamente 23

4 Stand der Therapieforschung 24
  Sandra Becker und Stephan Zipfel
4.1 Behandlungsmaßnahmen bei Adipositas 24
4.2 Verhaltenstherapie bei Adipositas 25
4.3 Lebensstilinterventionen bei Adipositas 28
4.4 Web-basierte Behandlung bei Adipositas 30
4.5 Grenzen von psychotherapeutischer Behandlung
    der Adipositas 31

5 Was empfehlen und fordern Leitlinien? 32
  Martin Teufel
5.1 Aktuelle Leitlinien zur Prävention und Behandlung
    der Adipositas 32

Teil B: Therapievoraussetzung 35

6	Interdisziplinäre Diagnostik	37
	Sandra Becker	
6.1	Endokrinologische Diagnostik	37
6.2	Sportmedizinische Diagnostik	38
6.3	Ernährungstherapeutische Diagnostik	39
6.4	Psychosomatische Diagnostik	39
6.5	Chirurgische Diagnostik	40
6.6	Interdisziplinäre Behandlungspfade	40

7	Motivation zur Veränderung	43
	Sandra Becker	
7.1	Herstellen eines tragfähigen therapeutischen Arbeitsbündnisses	43
7.2	Interventionen zur Überprüfung der Veränderungsmotivation	44

8	Indikationskriterien für ambulante bzw. stationäre oder teilstationäre psychotherapeutische Behandlung	49
	Martin Teufel	

Teil C: Therapie 51

9	Standardbehandlung der Adipositas bei einem BMI zwischen 30 und 40 kg/m²	53
	Sandra Becker, Roswitha Schabert und Isabelle Mack	
9.1	Behandlungsinhalte und Rahmenbedingungen	53
9.2	Einführung in das Gruppentherapieprogramm (Sitzung 1)	57
9.3	Gewichtsziele und Bewegungsmanagement (Sitzung 2)	63
9.4	Ernährungsmanagement (Sitzung 3 und 4)	68
9.5	Ernährungsmanagement und Analyse von ungünstigem Essverhalten (Sitzung 5 und Sitzung 6)	73
9.6	Erarbeitung von Bewältigungsstrategien für ungünstiges Essverhalten (Sitzung 7 und Sitzung 8)	78
9.7	Ernährung- und Bewegungsmanagement (Sitzung 9)	82
9.8	Körperbild und Körperwahrnehmung (Sitzung 10)	85
9.9	Zwischenbilanz zum bisherigen Verlauf (Sitzung 11)	88
9.10	Kognitive Intervention zum Körperbild (Sitzung 12 und Sitzung 13)	92
9.11	Selbstfürsorge und Achtsamkeit (Sitzung 14 und Sitzung 15)	96
9.12	Rückfallprophylaxe (Sitzung 16)	101
9.13	Bilanzierung und Überleitung zur Phase der Gewichtsstabilisierung (Sitzung 17)	104
9.14	Abschied und Übergang in die Nachsorgephase (Sitzung 18)	107
9.15	Nachsorgephase	108

10	Behandlung der Adipositas bei komorbiden psychischen Störungen	111
	Sandra Becker	
10.1	Psychische Komorbidität bei Adipositas	111
10.2	Einführung zur Binge-Eating-Störung (BES)	112
10.3	Klassifikation und diagnostische Kriterien der BES	112
10.4	Unterschiede zwischen Adipositas mit BES und Adipositas ohne BES	114
10.5	Epidemiologie	114
10.6	Ätiologie	115
10.7	Verlauf und Prognose	116
10.8	Psychotherapeutische Behandlungsansätze	117
11	Begleitende Psychoedukation und Psychotherapie nach einer bariatrischen Operation	119
	Martin Teufel und Beate Wild	
11.1	Psychoedukation nach Adipositaschirurgie	119
11.2	Psychotherapie nach Adipositaschirurgie	124
12	Neurophysiologie und Pharmakologie bei Adipositas	128
	Albrecht Rilk	
12.1	Physiologische Regulation der Nahrungsaufnahme	128
12.2	Adipositas und Psychopharmaka	129
12.3	Antiadiposita	133
Literatur		**136**

Arbeitsmaterial

Die folgenden Zusatzmaterialien können Sie mit nachfolgendem Passwort unter diesem Link kostenfrei herunterladen[1]: http://downloads.kohlhammer.de/?isbn=¬ 978-3-17-023062-0 (Passwort: 6m815xqo)

- **Arbeitsblatt 1:** Vierfeldertafel: Vor- und Nachteile einer Verhaltensänderung
- **Arbeitsblatt 2:** Zukunftsvorstellung nach Verhaltensänderung
- **Arbeitsblatt 3:** Motivationslineal
- **Arbeitsblatt 4:** Informationen zur Entstehung und Aufrechterhaltung der Adipositas
- **Arbeitsblatt 5:** Ernährungsprotokoll mit Anleitung
- **Arbeitsblatt 6:** Gewichtskurve mit Anleitung
- **Arbeitsblatt 7:** Berechnung und Einteilung des Körpergewichts
- **Arbeitsblatt 8:** Essensregeln, oder wie man eine gute Esskultur pflegt
- **Arbeitsblatt 9:** Analyse des bisherigen Gewichtsverlaufs und der bisherigen Abnehmversuche
- **Arbeitsblatt 10:** Informationen zu realistischen Gewichtszielen
- **Arbeitsblatt 11:** Informationen zur körperlichen Bewegung
- **Arbeitsblatt 12:** Einführung in die gesunde vollwertige Ernährung
- **Arbeitsblatt 13:** Ernährungspyramide und Ernährungskreis
- **Arbeitsblatt 14:** Hunger, Sättigung und Vorlieben für Nahrungsmittel
- **Arbeitsblatt 15:** Mengenempfehlung für eine gesunde vollwertige Ernährung
- **Arbeitsblatt 16:** Beispiel für einen Tagesplan
- **Arbeitsblatt 17:** Checkliste ungünstiger Essgewohnheiten und Erarbeitung von Veränderungszielen
- **Arbeitsblatt 18:** Energiedichte und glykämischer Index
- **Arbeitsblatt 19:** Getränke
- **Arbeitsblatt 20:** Ballaststoffe
- **Arbeitsblatt 21:** Verhaltensanalyse SORK-Schema
- **Arbeitsblatt 22:** Erlernen von Bewältigungsstrategien für ungünstiges Essverhalten
- **Arbeitsblatt 23:** Meine Strategien zur Verhinderung von ungünstigem Essverhalten
- **Arbeitsblatt 24:** Wie verhalte ich mich in Ausnahmesituationen beim Essen?
- **Arbeitsblatt 25:** Mein Körperbild
- **Arbeitsblatt 26:** Meine Veränderungsziele im Umgang mit meinem Körper

---

1 Wichtiger urheberrechtlicher Hinweis: Alle zusätzlichen Materialien, die im Download-Bereich zur Verfügung gestellt werden, sind urheberrechtlich geschützt. Ihre Verwendung ist nur zum persönlichen und nichtgewerblichen Gebrauch erlaubt. Jede Verwendung außerhalb der engen Grenzen des Urheberrechts ist ohne Zustimmung des Verlags unzulässig und strafbar. Das gilt insbesondere für Vervielfältigungen, Mikroverfilmungen und für die Einspeicherung und Verarbeitung in elektronischen Systemen.

- **Arbeitsblatt 27:** Zwischenbilanz – Meine Einschätzung des bisherigen Therapieverlaufs
- **Arbeitsblatt 28:** Die Rolle der Gedanken in Bezug auf mein Körperbild
- **Arbeitsblatt 29:** Meine belastenden und hilfreichen Gedanken zum Körperbild
- **Arbeitsblatt 30:** Gedankenstop bei belastenden Gedanken zum Körperbild
- **Arbeitsblatt 31:** Meine Quellen für ein positives Selbstwertgefühl
- **Arbeitsblatt 32:** Meine Stärken
- **Arbeitsblatt 33:** Tagesbilanz: Positive Ereignisse
- **Arbeitsblatt 34:** Positive Erlebnisse fördern
- **Arbeitsblatt 35:** Selbstfürsorge
- **Arbeitsblatt 36:** Meine sozialen Beziehungen
- **Arbeitsblatt 37:** Informationen zum Umgang mit Rückfällen
- **Arbeitsblatt 38:** Was tun, wenn Rückschläge eintreten?
- **Arbeitsblatt 39:** Strategien zur Gewichtsstabilisierung

»Für Wunder muss man beten, für Veränderungen aber arbeiten«
(Thomas von Aquin, 1225–1274)

Vorwort

Angesichts des rasanten Anstiegs der Prävalenzraten sind Übergewicht und Adipositas derzeit eine der großen Herausforderungen für unser Gesundheitssystem. Bis vor wenigen Jahren wurde Adipositas noch mit fehlendem Willen, mangelnder Compliance, eigenem schuldhaften Verhalten oder auch mit spezifischen Persönlichkeitsfaktoren in Verbindung gebracht. Bis heute sind fettleibige Menschen Stigmatisierungen, Diskriminierungen und Vorurteilen wie »Dick gleich faul« oder »Dick gleich undiszipliniert« ausgesetzt. Zeitschriften und Magazine bestärken immer wieder von neuem den Irrglauben an Wunderdiäten. Leider tragen auch Medien, wie bspw. so genannte Abnehmshows, in denen übergewichtige Kandidaten um den größten kurzfristigen Gewichtsverlust wetteifern, zu einem unseriösen und völlig verzerrten Bild dieser Erkrankung bei. Adipositas lässt sich jedoch nicht einfach auf ein Missverhältnis von Nahrungsaufnahme und körperlicher Bewegung, gegen das mit Willenskraft angekämpft werden kann, reduzieren. Die aktuellen Forschungsergebnisse, auf denen die gerade neu veröffentlichte Adipositas-Leitlinie (Deutsche Adipositas-Gesellschaft et al. 2014) basiert, machen deutlich, dass die erfolgreiche Behandlung vielmehr einen interdisziplinären Ansatz erfordert. In Abhängigkeit vom Ausmaß des Adipositas, den damit verbundenen körperlichen Folgeerscheinungen sowie der vorhandenen psychischen Komorbidität kommen unterschiedliche Interventionsmaßnahmen in Betracht. Auch Persönlichkeits- und Motivationsfaktoren des Patienten sowie seine früheren Therapieversuche spielen bei der Auswahl der Therapieempfehlung eine Rolle. Zielführend sind Beratungs- und Behandlungskonzepte, bei denen diese individuellen Faktoren, aber auch die jeweilige Lebensrealität des Patienten berücksichtigt werden.

Mit dem vorliegenden Buch möchten wir einen Beitrag zur Weiterentwicklung und Umsetzung einer differenzierten und bedürfnisorientierten Behandlung des betroffenen Übergewichtigen leisten. Dazu gehört neben einem fundierten theoretischen Hintergrund (Teil A) eine frühzeitige interdisziplinäre Diagnostik, die eine auf den Einzelfall bezogene Indikationsstellung für ein individualisiertes Behandlungskonzept ermöglicht und im Teil B beschrieben wird. In der Darstellung der möglichen Behandlungsoptionen (Teil C) konzentrieren wir uns auf psychotherapeutische Interventionen zur Lebensstilmodifikation sowohl in Bezug auf die Standardbehandlung der Adipositas bei einem BMI zwischen 30 und 40 kg/m^2 als auch in Kombination mit chirurgischen Maßnahmen. Unser Ziel dabei ist es, eine praxisorientierte Anleitung zu geben, wie eine schwerpunktmäßig psychotherapeutische Behandlung der Adipositas – basierend auf den neuesten wissenschaftlichen Erkenntnissen und Behandlungsleitlinien – aussehen sollte. Die

Durchführung unserer Behandlungsmaßnahmen ist für ein ambulantes Gruppensetting entwickelt, kann aber auch im einzeltherapeutischen Rahmen stattfinden. Zu jeder Sitzung werden inhaltliche Strukturierungshilfen und Arbeitsblätter, die über die Kohlhammer-Website heruntergeladen werden können, zur Verfügung gestellt. Diese sind als Unterstützung für die Einhaltung eines »roten Fadens« in der Behandlung gedacht. Es ist jedoch nicht zwingend erforderlich, dass die von uns vorgeschlagene Reihenfolge und Strukturierung der Sitzungen eingehalten wird. Je nach Patientengruppe kann eine zeitweilige Abweichung vom geplanten Vorgehen oder eine Vertiefung bzw. Verkürzung mancher Inhalte und Themenbereiche indiziert sein. Auf diesem Hintergrund sollten auch die Arbeitsblätter, die mit den Patienten besprochen und bearbeitet werden, optional und flexibel eingesetzt werden.

Danken möchten wir an dieser Stelle allen Autoren für die aktive Mitgestaltung des Buches sowie allen Kollegen und Mitarbeitern, die in den letzten Jahren an der Weiterentwicklung unseres Behandlungskonzeptes für adipöse Patienten mitgearbeitet haben.

Tübingen, im Januar 2015
Sandra Becker
Stephan Zipfel
Martin Teufel

Die Autoren

Dr. rer. nat. Dipl. Psych. Sandra Becker, leitende psychologische Psychotherapeutin der Abteilung für Psychosomatische Medizin und Psychotherapie, Universitätsklinikum Tübingen.

Prof. Dr. med. Stephan Zipfel, Ärztlicher Direktor der Abteilung für Psychosomatische Medizin und Psychotherapie, Universitätsklinikum Tübingen.

PD Dr. med. Martin Teufel, leitender Oberarzt in der Abteilung für Psychosomatische Medizin und Psychotherapie, Universitätsklinikum Tübingen. Mitglied der Expertengruppe zur Entwicklung der nationalen S3-Leitlinie zur Prävention und Therapie der Adipositas (Verantwortung des Bereichs Verhaltenstherapie).

Roswitha Schabert, Ernährungsberaterin in der Abteilung für Psychosomatische Medizin und Psychotherapie, Universitätsklinikum Tübingen.

Dr. Dipl. Ern. Wiss. Isabelle Mack, Ernährungswissenschaftlerin in der Abteilung für Psychosomatische Medizin und Psychotherapie, Universitätsklinikum Tübingen.

Dr. med. Dipl.-Phys. Albrecht Rilk, Oberarzt in der Abteilung für Psychosomatische Medizin und Psychotherapie, Klinik für Psychiatrie, Psychotherapie und Psychosomatik Reutlingen (PP.rt).

PD Dr. Dipl. Math. Dipl. Psych. Beate Wild, Sektionsleitung Psychosomatische Interventions- und Prozessforschung, Klinik für Allgemeine Innere Medizin und Psychosomatik, Universitätsklinikum Heidelberg.

Teil A: Grundlagen

1 Einführung: Zur Bedeutung von Adipositas

Sandra Becker und Stephan Zipfel

Adipositas ist nach Angaben der Weltgesundheitsorganisation (WHO) das größte chronische Gesundheitsproblem (World Health Organization 2000). Der prozentuale Anteil übergewichtiger und adipöser Menschen in der Bevölkerung der westlichen Industrieländer nimmt seit einigen Jahrzehnten stetig zu.

Adipositas, insbesondere Grad 2 (BMI > 35 kg/m^2) und Grad 3 (BMI > 40 kg/m^2) kann zu ausgeprägten gesundheitlichen Folgeerkrankungen, wie beispielsweise Bluthochdruck, Diabetes mellitus, koronarer Herzerkrankung, Fettstoffwechselstörungen, Schlaganfall, degenerativen Erkrankungen des Bewegungsapparates und zu erhöhter Mortalität führen (Hamann 2008). Weitere Folgen, die oft vergessen werden, sind die langjährigen psychosozialen Belastungen. Ein unzureichendes körperliches Wohlbefinden führt insbesondere bei adipösen Frauen oft zu langjährigen seelischen und psychosozialen Belastungen. Häufig ist eine ausgeprägte Adipositas mit erheblichen Selbstwertproblemen, Beziehungs- und Kontaktstörungen, depressiver Stimmungslage, sozialer Isolation, beruflichen Schwierigkeiten und einer insgesamt deutlich eingeschränkten Lebensqualität verbunden. Die Prävalenz von depressiven Erkrankungen und Angststörungen ist doppelt so hoch wie bei Normalgewichtigen, wobei hauptsächlich Frauen einen Leidensdruck empfinden (Heo et al. 2006). In der Gesellschaft sind stigmatisierende Einstellungen gegenüber Adipositas weit verbreitet, und Betroffene machen in vielen Lebensbereichen gewichtsbezogene diskriminierende Erfahrungen (Sikorski et al. 2011; Giel et al. 2010, Herpertz et al. 2008). Die Zunahme von Adipositas und deren schwerwiegenden körperlichen und psychischen Folgeerkrankungen haben weitreichende soziale und ökonomische Konsequenzen für das Gesundheitssystem.

Adipositas-assoziierte Kosten sind hoch: In Deutschland sind 8 % der Krankheitskosten (ca. 25 Mrd. Euro pro Jahr) der Adipositas zuzuschreiben (Wirth 2008a). Somit stellt die Behandlung von übergewichtigen und adipösen Menschen gegenwärtig eine der zentralen Herausforderungen der modernen Medizin dar.

2 Diagnosekriterien der Adipositas

Sandra Becker und Stephan Zipfel

2.1 Klassifikation

Die Weltgesundheitsorganisation (WHO) beschreibt Adipositas als chronische Krankheit mit eingeschränkter Lebensqualität und erhöhtem Morbiditäts- und Mortalitätsrisiko. Gängig ist die Klassifikation der WHO aus dem Jahr 2000, die zur Einteilung den Body-Mass-Index (BMI) verwendet: Übergewicht besteht bis zu einem BMI von 30 kg/m², ein BMI ≥ 30 kg/m² wird als Adipositas definiert (World Health Organization 2000) (▶ Tab. 2.1).

Tab. 2.1: Einteilung der Adipositas

Gewichtsklassifikation	BMI (kg/m²)
Normalgewicht	18,5 – 24,9
Übergewicht (Präadipositas)	25 – 29,9
Adipositas Grad I	30 – 34,9
Adipositas Grad II	35 – 39,9
Adipositas Grad III	40 oder mehr

Neben der Gewichtsmessung kann auch die Erfassung des Fettverteilungsmusters als Einschätzungsmaß dienen. Das Fettverteilungsmuster wird mit Hilfe des Taillenumfangs bestimmt. Das kardiovaskuläre Risiko ist dabei nicht allein vom Körpergewicht, sondern auch vom Fettverteilungsmuster abhängig. Menschen mit androidem Fettverteilungsmuster (»Apfelform«), das gehäuft bei Männern auftritt und bei dem das Fett vor allem am Bauch sitzt, weisen ein deutlich höheres kardiovaskuläres Risiko auf. Menschen mit gynoiden Fettverteilungsmuster (»Birnenform«), das gehäuft bei Frauen zu beobachten ist und bei dem das Fett vor allem an Hüften und Oberschenkeln sitzt, haben dagegen kein erhöhtes kardiovaskuläres Risiko. Wenn das Ergebnis des Taillenumfangs bei Männern größer als 102 cm bzw. bei Frauen größer als 88 cm ist, muss von einem erhöhten kardiovaskulären Risiko ausgegangen werden (Deutsche Adipositas-Gesellschaft et al. 2014).

2.2 Epidemiologie

Die 2013 veröffentlichten Ergebnisse der Studie zur Gesundheit Erwachsener in Deutschland (DEGS1) besagen, dass 67,1 % der deutschen Männer und 53,0 % der Frauen übergewichtig sind (Mensink et al. 2013). Der Anteil übergewichtiger Erwachsener hat sich in den letzten 10 Jahren nicht erhöht, ist jedoch auf hohem Niveau stabil geblieben. Die Vorkommen von Adipositas hingegen hat weiterhin zugenommen. Besonders betroffen von diesem Anstieg sind junge Erwachsene. Somit leiden immer mehr Menschen im jungen Alter unter gravierenden körperlichen Folgeerscheinungen der Adipositas.

Die Adipositasprävalenz (BMI > 30 kg/m^2) liegt für Männer bei 23,3 % und für Frauen bei 23,9 % (Mensink et al. 2013). Außerdem wurde festgestellt, dass der Anteil an übergewichtigen und adipösen Männern und Frauen mit steigendem Alter deutlich zunimmt: Während von den jungen Erwachsenen etwa ein Viertel übergewichtig oder adipös ist, steigt der Anteil im Alter zwischen 70 und 80 Jahren auf 82,6 % bei den Männern und 82,2 % bei den Frauen. Im Alter von 14–17 Jahren sind 17,2 % der Jungen übergewichtig und 8,3 % adipös. Bei den Mädchen in dieser Altersspanne ist ein Anteil von 17,0 % übergewichtig und von 8,9 % adipös (Kurth und Schaffrath Rosario 2010). In der DGES1 wird weiterhin belegt, dass das Gewicht unter den 18- bis 79-jährigen negativ mit der sozialen Schicht korreliert, sodass die Prävalenz von Übergewicht und Adipositas in der Unterschicht deutlich höher ist als in der Mittel- und Oberschicht (Mensink et al. 2013).

3 Ätiologie

Sandra Becker, Isabelle Mack und Stephan Zipfel

Die Entstehung von Übergewicht und Adipositas ist komplex. Grundsätzlich liegt immer eine Dysbalance zwischen Energieaufnahme und Energieverbrauch vor. Diese Dysbalance wird durch psychosoziale, soziokulturelle und persönlichkeitsspezifische Faktoren ebenso beeinflusst, wie durch genetische und biologische Prädisposition. In Abb. 3.1 sind die Genesefaktoren im Sinne eines biopsychosozialen Modells zusammengefasst. Im Folgenden werden die einzelnen Ätiologiefaktoren vorgestellt.

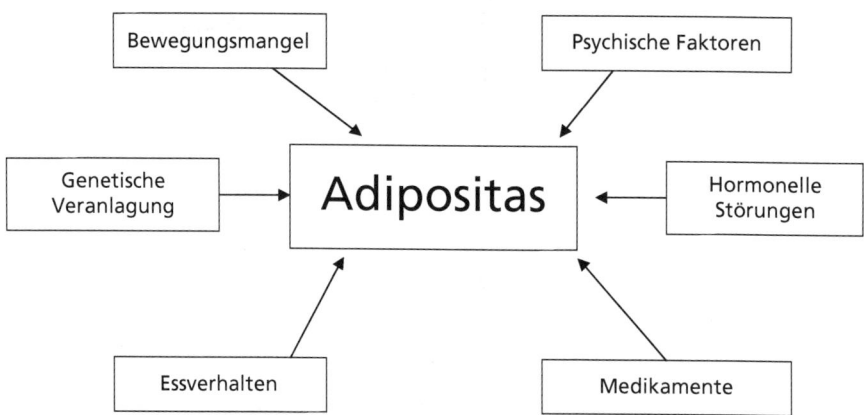

Abb. 3.1: Die multifaktorielle Genese der Adipositas

3.1 Genetische Veranlagung

Wesentliche Erkenntnisse über die Genetik der Adipositas stammen aus der Zwillingsforschung. Bouchard und Pérusse (1993) und Hebebrand und Remschmidt (1995) konnten zeigen, dass bei eineiigen Zwillingen die Intrapaar-Korrelation im Hinblick auf kurz- und langfristige Überernährung signifikant größer war als bei zweieiigen Zwillingen. Die Schätzungen des Varianzanteils genetischer Faktoren liegen zwischen 16 % und 85 % (Yang et al. 2007; Lehrke und Laessle 2003).

Wirth (2008a) spricht von einem Wert des genetischen Einflusses zwischen 50 und 60 %. Bisher ist jedoch nicht eindeutig geklärt, über welche Mechanismen sich die genetische Komponente der Adipositas manifestiert. Die Identifikation der relevanten Erbanlagen ist schwierig, da die Effekte einzelner Genvarianten vermutlich sehr klein sind und erst die Wirkung multipler Genvarianten (Allele) eines Menschen die Energiezufuhr, -aufnahme und -verbrauch beeinflusst (Herpertz 2008). Darüber hinaus kommt es zu Interaktionen zwischen genetischen Prozessen mit Umweltfaktoren sowie neurophysiologischer Regulation von Hunger und Sättigung mit persönlichkeitsspezifischen Einflüssen, die bisher erst in Ansätzen aufgeklärt werden konnten (Lavebratt et al. 2012).

3.2 Essverhalten

Eine unangemessen hohe Energieaufnahme und Bewegungsmangel sind neben genetischen Veranlagungen die Hauptursache für eine Gewichtszunahme, die zu Adipositas führen kann (Spiegelman und Flier 2001; Eisele et al. 2006). Die Ursachen für eine erhöhte Energieaufnahme sind vielschichtig und individuell sehr unterschiedlich. Als ernährungsbezogene Risikofaktoren bei Erwachsenen gelten (Steenhuis und Vermeer 2009; Lanfer et al. 2010; Levitsky und Pacanowski 2011; Mesas et al. 2012):

1. der zunehmende Verzehr energiedichter Lebensmittel,
2. der Verzehr großer Essensportionen,
3. ein ausgeprägtes Snackingverhalten (keine Mahlzeitenstruktur, es wird immer wieder zwischen den Hauptmahlzeiten gegessen) und
4. erhöhte Essgeschwindigkeit

Energiehaltige Lebensmittel und Getränke – in der Regel sehr fett- und/oder zuckerreich – sind in den Industriestaaten leicht verfügbar und für jedermann erschwinglich. Hinzu kommt generell die menschliche Präferenz für süße und fettige Speisen (Gaillard et al. 2008; Drewnowski et al. 2012), die sich mit der Entwicklungsgeschichte des Menschen erklären lässt, in der energiereiche Nahrung, bei immer wiederkehrender Nahrungsknappheit, einen wichtigen Überlebensfaktor darstellte (Eisele et al. 2006).

Diese beiden Faktoren begünstigen somit die Aufnahme energiedichter Nahrung, und kommen insbesondere zum Tragen, wenn unterwegs Take-away- und Fastfood-Produkte und/oder süße Getränke verzehrt bzw. getrunken werden (Wolf et al. 2008; Mesas et al. 2012; Slavin 2012). Der Verzehr zu großer Essensportionen kann ebenfalls zur Aufnahme inadäquat hoher Energiemengen führen, insbesondere dann, wenn ein Großteil der Mahlzeit zusätzlich aus energiedichten Lebensmitteln besteht. Es wird in der Regel mehr gegessen, wenn größere Portionen angeboten werden. Das gilt sowohl für die Portion auf einem Teller als auch für die Menge der Lebensmittel in einer Verpackung. Es ist daher sinnvoll, die Portionsgrößen vor dem Verzehr der Nahrung individuell angemessen festzulegen (Steenhuis und Vermeer 2009; Mesas et al. 2012). Ein spontanes, unkontrolliertes Snackverhalten kann ebenfalls dazu beitragen, dass über den Tag verteilt unangemessen hohe Energiemengen aufgenommen werden. Ein fester Rhythmus der Mahlzeiten kann dabei helfen dies zu vermeiden (Eisele et al. 2006; Bertenshaw et al. 2008; Schusdziarra et al. 2010; Chapelot 2011; Gregori et al. 2011). Eine erhöhte Essgeschwindigkeit, also schnelles, hastiges Essen, kann dazu führen, dass mehr verzehrt wird als nötig wäre. Das liegt daran, dass es im Schnitt etwa 20 Minuten dauert, bis Sättigungssignale empfunden werden (Kokkinos et al. 2009; Mesas et al. 2012). Das soziale Umfeld und die Örtlichkeit beeinflussen zusätzlich die Dauer und die Menge der Mahlzeit (Bell und Pliner 2003; Pliner et al. 2006; Robinson et al. 2013).

3.3 Bewegungsmangel

Das Ess- und Bewegungsverhalten wird durch soziokulturelle Faktoren beeinflusst. Technische Errungenschaften ersetzen zunehmend die direkte körperliche Arbeit sowohl im Haushalt und am Arbeitsplatz als auch in der Freizeit. Die meisten Menschen üben eine sitzende Tätigkeit aus, in der Freizeit wird oft stundenlang ferngesehen oder am Computer gespielt. Der durchschnittliche Fernsehkonsum pro Tag ist deutlich positiv mit erhöhtem Körpergewicht assoziiert (Hu et al. 2003).

Bewegungsmangel ist unumstritten ein ursächlicher Faktor bei der Entwicklung von Adipositas. Niedrige körperliche Aktivität, d. h. ein geringer Arbeitsumsatz, fördert die Entstehung von Übergewicht (Martinez-Gonzales et al. 1999). Eine Steigerung der körperlichen Aktivität führt neben dem Anstieg des Arbeitsumsatzes zu einer Zunahme der Muskelmasse, was wiederum den Grundumsatz weiter erhöht. Obwohl wesentlich mitverantwortlich für die Ätiologie, ist körperliche Aktivität als alleinige Maßnahme zur Gewichtsreduktion nicht geeignet. Es gibt eine Reihe von Studien, in denen versucht wurde alleine mit einem Bewegungsprogramm eine Senkung des Übergewichts zu erreichen. Eine gute Zusammenstellung evidenzbasierter Untersuchungen zum Effekt von körperlicher Aktivität auf die Gewichtsentwicklung findet sich in dem Überblicksartikel von Wing (1999) und in einem Review von Catenacci und Wyatt (2007). Im Durchschnitt zeigt sich, dass sich durch Bewegung nur eine geringe Gewichtsabnahme (ca. um 0,1 kg pro Woche) erzielen lässt. Der Einfluss von körperlicher Aktivität auf die Gewichtsstabilisierung nach einer erfolgreichen Abnahme ist jedoch von weitaus größerer Bedeutung. Die meisten Studien dazu bestätigen, dass regelmäßige körperliche Bewegung eine wesentliche Stütze bei der Stabilisierung einer erfolgten Gewichtsreduktion ist (Jakicic u. Otto 2005; Hill u. Wyatt 2005).

3.4 Psychische Faktoren

Individuelle emotionale Einflüsse, wie Essen zur Kompensation von Stress, Trauer, Einsamkeit, Langeweile und weiteren negativen Gefühlen sind zusätzliche Risikofaktoren für die Entwicklung von Adipositas. Das Essen lenkt dabei von unangenehmen Gefühlszuständen ab und verhilft zu einem kurzfristigen Wohlgefühl (Ganley 1989).

3.5 Hormonelle Störungen

Als Ursachen für Adipositas kommen auch bestimmte hormonelle Faktoren für eine erhöhte Energiebilanz wie Hypothyreose oder Cushing-Syndrom infrage (Wirth 2008a, S. 250). Obwohl diese primären Gründe eher selten sind, können und müssen sie bei klinischem Verdacht zunächst ausgeschlossen werden.

3.6 Medikamente

Eine Reihe von Medikamenten wie Psychopharmaka (Antidepressiva, Neuroleptika), aber auch Glukokortikoide, Antidiabetika oder die Antibabypille haben eine adipogene Wirkung (► Kap. 12), indem sie unter anderem den Appetit und somit auch die Nahrungsaufnahme steigern. (Wirth 2008a S. 250). Eine weitere Folge dieser Medikamente ist häufig auch eine Reduktion des Energieumsatzes.

4 Stand der Therapieforschung

Sandra Becker und Stephan Zipfel

4.1 Behandlungsmaßnahmen bei Adipositas

Die Behandlung der Adipositas ist aufgrund der multifaktoriellen Genese komplex und oft schwierig. Meistens versuchen die Betroffenen mit Hilfe von kurzfristigen Diäten ihr Gewicht zu reduzieren, häufig jedoch ohne anhaltenden Erfolg. Einer anfänglichen Gewichtsabnahme folgt meist eine deutliche Gewichtszunahme (sog. »Jojo-Effekt«). Die meisten adipösen Patienten haben schon eine längere Behandlungsvorgeschichte mit vielen Frustrationserlebnissen in Bezug auf eine Gewichtsreduktion hinter sich. Die Adipositas ist zu einem chronifizierten Zustand geworden. Die Indikation für eine geeignete Behandlungsmaßnahme sollte deshalb im Rahmen einer strukturierten und standardisierten Diagnostik und in Kooperation mit anderen Fachdisziplinen, wie Endokrinologie, Sportmedizin, Ernährungstherapie und Adipositaschirurgie erfolgen (Becker et al. 2006). In Abhängigkeit vom Ausmaß der Adipositas und den damit verbundenen körperlichen Folgeerscheinungen sowie der vorhandenen psychischen Komorbidität kommen unterschiedliche Interventionsmaßnahmen in Betracht (▶ Kap. 6.6).

In den vergangenen Jahren und Jahrzehnten wurden verschiedene Behandlungsansätze zur Therapie der Adipositas untersucht. Den Schwerpunkt der psychotherapeutischen Interventionen bilden verhaltenstherapeutische Programme (Shaw et al. 2009; Kirk et al. 2012). Dabei wird zumeist zwischen »Lebensstilinterventionen« und (kognitiv-) verhaltenstherapeutischen Behandlungsmethoden unterschieden. Allerdings besteht zwischen diesen beiden Begrifflichkeiten keine klare Abgrenzung. Eine Unterscheidung zwischen den beiden Interventionsarten erscheint nur bedingt gerechtfertigt. Lebensstilinterventionen, die auf eine Ernährungsumstellung und Steigerung der körperlichen Aktivität abzielen, schließen – wenn auch in geringerem Ausmaß – zumeist verhaltenstherapeutische Techniken wie beispielsweise Selbstbeobachtung, Stimuluskontrolle und kognitive Umstrukturierung mit ein. Umgekehrt wird in verhaltenstherapeutischen Programmen zumeist auch ein gezieltes Ernährungs- und Bewegungstraining durchgeführt. Somit gibt es einen großen Anteil von Überlappung. Wadden und Butryn (2003) weisen darauf hin, dass der Begriff »Lebensstiländerung« häufig sogar synonym mit verhaltenstherapeutischer Behandlung verwandt wird.

4.2 Verhaltenstherapie bei Adipositas

Ein umfassender Überblicksartikel über psychologische Interventionen von Shaw und Mitarbeitern (2009) fokussiert speziell auf Studien, die einen verhaltenstherapeutischen und/oder kognitiven Behandlungsschwerpunkt haben – teilweise kombiniert mit einem Ernährungs- und Bewegungstraining. Studien mit reinen Lebensstilinterventionen fanden ausdrücklich keine Berücksichtigung. Die Teilnehmer mussten mindestens 18 Jahre alt sein und einen BMI von größer 25 kg/m² haben. Die Behandlungsdauer durfte nicht unter drei Monaten (Follow-up-Messung mit eingeschlossen) und die Drop-out-Rate nicht über 15 % liegen. Als Outcome-Variable musste zumindest der Gewichtsverlauf erfasst worden sein. Alle Interventionen fanden im Gruppensetting statt. Katamnestische Untersuchungen waren nicht zwingend, sodass sich die meisten Ergebnisse auf Kurzzeiteffekte beziehen.

Im Folgenden werden zuerst die Ergebnisse dieser Übersicht zur explizit psychotherapeutischen Behandlung bei Adipositas, ergänzt durch zwei neuere Untersuchungen der Arbeitsgruppe um Stahre 2005 und 2007 (▶ Tab. 4.1), nachfolgend die Effekte von Lebensstilinterventionen zusammengefasst.

Kritisch angemerkt sei an dieser Stelle, dass die bestehenden Studien zur verhaltenstherapeutischen Behandlung und zu Lebensstilinterventionen bei Adipositas sehr heterogen in Bezug auf Stichprobengröße, Ausgangsgewicht, Zuweisungsmodus, Dauer, Frequenz sowie Katamnesezeitraum der Behandlung sind. Die Programminhalte werden oft nicht konkret beschrieben, sodass eine Unterscheidung von Lebensstil-Ansätzen, verhaltenstherapeutischen, verhaltenstherapeutisch-kognitiven und reinen kognitiven Behandlungsmaßnahmen nicht immer nachzuvollziehen ist. Eine entscheidende Größe besteht darüber hinaus in Art und Umfang der jeweils verordneten Reduktionsdiät, die von drastisch herabgesetzter Kalorienzufuhr bis hin zu ausgewogenem Essen nach Hunger und Sättigung reichen kann. Es gibt außerdem große Unterschiede hinsichtlich Frequenz und Bevorzugung der Bewegungsformen. Ebenso spielt die Zusammensetzung und Anzahl der Komponenten innerhalb eines Programms (z. B. reines Ernährungstraining vs. kombiniertes multimodales Programm mit Ernährungs- und Bewegungstraining und kognitiver Umstrukturierung) eine große Rolle. Aus diesem Grunde ist eine Vergleichbarkeit der Studien nur bedingt möglich.

Eindeutig positive Effekte, zumindest auf einen kurzfristigen Gewichtsverlust bezogen, zeigen alle Untersuchungen zu verhaltenstherapeutischen im Vergleich zu unbehandelten Kontrollgruppen. Im Durchschnitt kam es zu einer Gewichtsabnahme zwischen 7 % und 10 % vom Ausgangsgewicht. Nicht ganz homogen sind die Ergebnisse zur Kombination von Verhaltenstherapie mit einem gezielten Ernährungs- und Bewegungstraining. Die Mehrzahl der Studien in den letzten Jahren zeigt jedoch, dass eine Kombination aus Ernährungsumstellung, vermehrter Bewegung und Verhaltenstherapie effektiver ist als eine Therapie mit nur einer Behandlungskomponente (Wu et al. 2009, Söderlund et al. 2009, Wadden et al. 2012, Kirk et al. 2012).

Die Ergebnisse zur kognitiven Therapie der Adipositas hingegen sind insgesamt eher enttäuschend, zumindest im Vergleich zur Verhaltenstherapie. Die Anzahl der Studien dazu ist gering und liefert bisher keinen Hinweis, dass die kognitiv-verhaltenstherapeutische Behandlung der verhaltenstherapeutischen überlegen ist. Kritisch zu diskutieren ist in diesem Zusammenhang, ob eine klare Abgrenzung beider Verfahren in der praktischen Anwendung besteht.

Belege bestehen für den Nutzen von intensiven, höherfrequenten und länger andauernden Interventionsprogrammen. Der Behandlungsaufwand scheint einen positiven Einfluss auf die Höhe des Gewichtverlustes bzw. die Beibehaltung einer zuvor erreichten Gewichtsreduktion zu haben (Shaw et al. 2009). Nach Aussagen von Shaw und Mitarbeiten (2009) besteht jedoch derzeit keine Evidenz dafür, dass Gruppeninterventionen besser bzw. schlechter abschneiden als Einzeltherapie. Dies sollte vielmehr an individuellen Gesichtspunkten entschieden werden.

Die langfristige Aufrechterhaltung einer zuvor erzielten Gewichtsabnahme ist nahezu bei allen bislang überprüften verhaltenstherapeutischen Therapieansätzen wenig zufriedenstellend, der weitere Verlauf wurde auch bis vor kurzem selten länger als ein Jahr beobachtet.

Die Ergebnisse einer neueren Metanalyse von Middleton und Mitarbeitern (2012) sprechen dafür, dass die Implementierung eines zusätzlichen Programms zur Gewichtsstabilisierung (»extended care«) nach einem durchgeführten Gewichtsreduktionsprogramm einen verbesserten Gewichtserhalt im Vergleich zu Kontrollgruppen ohne Weiterbetreuung mit sich bringt. Allerdings ergibt die kombinierte Effektgröße aller elf Studien einen eher mäßigen Effekt der Gewichtserhaltungsprogramme.

Untersuchungen zu Lebensstilinterventionen (▶ Kap. 4.3) schließen hingegen in der Regel längere Katamnesezeiträume ein (bis zu fünf Jahre) und erlauben deshalb Aussagen über Langzeiteffekte.

Tab. 4.1: Studien zum Vergleich der Gewichtsreduktion durch unterschiedliche Therapieprogramme

I. Vergleich Verhaltenstherapie (VT) vs Kontrollgruppe					
Studie / Erstautor	Teilnehmer (N)	Interventionsdauer (Monate)	Katamnese nach Interventionsende (Monate)	Durchschnittlicher Gewichtsverlust in kg (SD) *	
				Intervention	Kontrolle
Rozensky 1976	25	2	1½	−2,7 (3,2)	−1,8 (3,2)
Saccone 1978	58	2	10	−3,1 (2,6)	+1,8 (2,9)
Israel 1979	43	2	10	−1,0 (2,2)	+1,8 (2,2)
Jeffrey 1995	126	6	6	−1,7 (6,4)	+0,6 (5,3)
Oldroyd 2001	78	6	0	−1,5 (2,6)	+0,5 (2,2)
Stevens 2001	1101	18	18	−4,4 (1,0)	+0,1 (1,0)

Tab. 4.1: Studien zum Vergleich der Gewichtsreduktion durch unterschiedliche Therapieprogramme – Fortsetzung

Studie / Erstautor	Teilnehmer (N)	Interventionsdauer (Monate)	Katamnese nach Interventionsende (Monate)	Durchschnittlicher Gewichtsverlust in kg (SD) *	
				Intervention	Kontrolle
II. Vergleich VT + Ernährungs- und Bewegungstraining vs Ernährungs- und Bewegungstraining					
Gormally 1981	53	4	3	–5,5 (6,4)	–3,0 (5,3)
Wing 1984	44	2	4	–3,0 (7,5)	–2,7 (10,9)
Black 1984	49	2	5	–4,4 (3,9)	–2,5 (4,3)
Wing 1985	53	4	12	–6,3 (2,1)	–3,4 (2,9)
Jeffrey 1985	36	6	6	–3,7 (6,4)	–7,7 (5,3)
Lindahl 1999	186	1	11	–5,4 (1,3)	–0,5 (0,3)
III. Vergleich kogn. VT + Ernährungs- und Bewegungstraining vs Ernährungs- und Bewegungstraining					
Block 1980	24	2½	2	–8,7 (4,5)	–0,2 (6,3)
Dennis 1999	39	4	2	–8,6 (5,0)	–5,0 (4,1)
IV. Vergleich kogn. VT + Ernährungstraining vs Kontrollgruppe					
Stahre 2005	65	2	16	–10,4 (10,8)	+2,3 (7,0)
V. Vergleich kogn. VT + Ernährungstraining vs Ernährungs- und Bewegungstraining					
Stahre 2007	29	2	16	–5,9 (5,4)	+0,3 (4,3)
VI. Vergleich intensiver VT vs weniger intensiver VT					
Rozensky 1976	28	2	1½	–3,7 (3,2)	–1,6 (3,2)
Saccone 1978	44	2	10	–3,7 (2,7)	–1,9 (2,3)
Brownell 1978	16	6	0	–13,4 (6,6)	–6,9 (5,5)
Johnson 1979	22	2½	9½	–5,9 (5,3)	–2,4 (5,3)
Caroll 1981	21	2½	5½	–4,5 (5,3)	–3,2 (3,8)
Black 1983	14	2	4	–7,1 (2,7)	–3,0 (2,1)
Black 1984	25	2	5	–2,9 (5,8)	–3,3 (3,7)
Burnett 1985	12	2½	7½	–8,0 (6,3)	–1,0 (3,3)
Wing 1991	43	5	7	–3,2 (5,3)	–5,3 (10,4)
Jeffrey 1995	58	5	7	–1,6 (6,3)	–1,4 (7,2)
Wing 1996	81	6	0	–11,4 (6,5)	–8,9 (6,2)

* die angegebenen Gewichte beziehen sich auf den Katamnesezeitpunkt

Zu anderen Therapieverfahren zur ambulanten Adipositasbehandlung, z. B. tiefenpsychologisch-analytischen oder systemischen Ansätzen, sowie zu psychotherapieverwandten Verfahren wie Entspannungstraining oder Hypnose gibt es bislang nur begrenzt systematische Untersuchungen mit wenig positiven und nachhaltigen Effekten in Bezug auf eine Gewichtsreduktion. Einen guten Überblick dazu gibt der Artikel von Teufel und Zipfel (2013).

4.3 Lebensstilinterventionen bei Adipositas

Bei Programmen zur Lebensstiländerung spielen psychotherapeutische Interventionen eine untergeordnete Rolle, allenfalls werden verhaltenstherapeutische Techniken wie Stimuluskontrolle und Selbstbeobachtung zu einem kleinen Teil ergänzt. Im Mittelpunkt steht vielmehr ein gezieltes psychoedukatives Ernährungs- und Bewegungstraining. Studien der letzten Jahre (Kirk et al. 2012; Turk et al. 2009; Seo und Sa 2008) weisen darauf hin, dass die Kombination von Bewegungs- und Ernährungstraining mit verhaltenstherapeutischen Techniken einen signifikant höheren Gewichtsverlust mit sich bringt als ein reines psychoedukatives Ernährungs- und Bewegungsprogramm. Dazu existieren allerdings auch widersprüchliche Ergebnisse. Die ausgewählten Studien in einem Überblicksartikel von Brown und Mitarbeitern (2009) zur Effektivität von Lebensstilinterventionen konnten keinen bedeutsamen Effekt von zusätzlichen verhaltenstherapeutischen Techniken nachweisen. Die Autoren schränken diese Aussage allerdings auf niedrig kalorische Gewichtsreduktionsprogramme ein.

Ähnlich wie die psychotherapeutischen Interventionen bei Adipositas erzielen die Lebensstilinterventionen insgesamt einen durchschnittlichen Kurzzeiteffekt von 5–10 % Gewichtsabnahme vom Ausgangsgewicht vor Behandlungsbeginn (Kirk et al. 2012; Wadden et al. 2012; Wadden et al. 2007).

Eine der zentralen Herausforderungen für alle Gewichtsreduktionsprogramme – ob Lebensstilinterventionen oder verhaltenstherapeutische Programme – ist, dass das Gros der Patienten nach Beendigung des Programms das erreichte Gewicht langfristig selten aufrechterhalten kann und im Verlauf wieder an Gewicht zunimmt (De Zwaan u. Müller 2014, Butryn et al. 2011; Wadden et al. 2007; Perri 1998). Im Durchschnitt beträgt die Gewichtszunahme nach einem Jahr zwischen 30 und 40 % des zuvor erfolgten Gewichtsverlusts, nach drei bis fünf Jahren haben 50 % der Patienten sogar wieder ihr Ausgangsgewicht vor der Interventionsmaßnahme erreicht (Wadden et al. 2012; Ryden u. Torgerson 2006; Wadden und Foster 2000). Douketis et al. (2005) konnten in einer Zusammenschau von 16 Studien zu Langzeiteffekten von Lebensstilinterventionen zeigen, dass der Gewichtsverlust nach zwei bis vier Jahren in allen Untersuchungen nur noch bei weniger als fünf Prozent des Ausgangsgewichts vor Interventionsbeginn gesehen liegt.

Ähnliche Ergebnisse bestätigt die Look AHEAD Studie (Look AHEAD Research Group 2014). Der durchschnittliche Gewichtsverlust der Teilnehmer betrug nach acht Jahren 4,7 % vom Ausgangsgewicht, wobei dies nur unter intensiver Nachsorge (monatliche individuelle Kontakte, regelmäßige Gruppensitzungen) erreicht werden konnte. Ohne diese intensive Nachsorge lag der durchschnittliche Gewichtsverlust bei nur 2,1 %. Den Langzeiteffekten von therapeutischen Maßnahmen bei Adipositas muss deshalb besondere Bedeutung zukommen. Perri und Corsica (2002) betonen, dass es sich bei der Adipositas um eine chronische Erkrankung handelt, die nicht innerhalb weniger Monate ausreichend behandelt werden kann, sondern langfristiger Betreuung bedarf. Neben einer ersten Phase des Gewichtsverlusts während eines Programms muss nachfolgend die dauerhafte Aufrechterhaltung der erzielten Gewichtsabnahme fokussiert werden. Gezielte länger andauernde Nachsorgeprogramme können dabei eine Unterstützung sein. Die Autoren zeigten in einer Übersicht von 13 Studien zu verhaltenstherapeutischen Nachsorgeprogrammen, dass bei Teilnehmern von nachbehandelten Gruppen 96 % der zu Programmende erzielten Gewichtsabnahme beibehalten werden konnte, während nicht nachbehandelte Teilnehmer nur 66 % von ihrem ursprünglich erreichten Gewichtsverlust aufrechterhalten haben. Dies spricht für einen guten Effekt gezielter Nachsorge. Auch eine neuere Metaanalyse von Middleton et al. (2012) bestätigt den Effekt und die Notwendigkeit von Nachsorgeprogrammen zum Gewichtserhalt. Die Autoren haben sich dabei auch differenzierter mit der Frage beschäftigt, welche Art der Nachsorge denn hilfreich ist. Eindeutige Ergebnisse zeigten sich darin, dass nur therapeutengeleitete Treffen (im Vergleich zu patientengeleiteter Nachsorge im Sinne einer Selbsthilfegruppe) den Gewichtserhalt günstig beeinflussen. Regelmäßiger therapeutischer Kontakt scheint für die Nachsorge entscheidend zu sein, unklar bleibt allerdings bisher, in welcher Frequenz, Länge und mit welchem Inhalt sowie in welcher Form (z. B. persönlicher Kontakt, Internet, Telefon) diese Kontakte angeboten werden müssten, um einen optimalen Einfluss auf die Beibehaltung eines erzielten Gewichtsverlust – auch auf dem Hintergrund von Kosteneffektivität – erzielen zu können. Darüber hinaus gibt es auch Hinweise, dass verschiedene kulturelle Gruppen, aber auch verschiedene Untergruppen von adipösen Patienten, unterschiedliche Effekte in Bezug auf ein und dasselbe Nachsorgeprogramm erzielen (Rickel et al. 2011; Sharma und Kushner 2009).

Einigkeit herrscht seit wenigen Jahren darüber, dass die Adipositas sehr komplex und chronisch sowie durch viele Einflüsse bedingt ist. Ihre Behandlung ist deshalb – ob mit psychotherapeutischen oder Lebensstilinterventionen – als eine langfristige Aufgabe sowohl für Betroffene als auch für Behandler zu sehen. Nach einer ersten Phase von Gewichtsreduktion sollte eine längere Phase der Gewichtshaltung erfolgen. Für den Gewichtserhalt benötigen Patienten über einen mehrjährigen Zeitraum langfristige Begleitung, am günstigen mit (durchaus niederfrequentem, dennoch regelmäßigem) persönlichem Kontakt zum Behandlerteam (Kirk et al. 2012). Hierbei spielt vor allen Dingen die Selbstbeobachtung (z. B. regelmäßiges Wiegen, Planen von Mahlzeiten, Führen von Ernährungstagebüchern) eine entscheidende Rolle (Thomas et al. 2014, Rieber et al. 2010a; Wing et al. 2006). Eine evidenzbasierte Aussage darüber, wie lange und in welcher Frequenz langfristige Begleitung angeboten werden sollte, lässt der Forschungsstand derzeit noch nicht zu.

4.4 Web-basierte Behandlung bei Adipositas

In den letzten Jahren kommt dem Einsatz von Internet-Programmen sowohl in der Phase der Gewichtsreduktion als auch der Gewichtsstabilisierung eine größere Bedeutung zu. Forschungsarbeiten zu diesem Thema nehmen zu. Der Vorteil von web-basierten Interventionen liegt darin, dass internetgestützte Programme im häuslichen Umfeld jederzeit zur Verfügung stehen, lediglich einen Internetzugang benötigen, und Patienten während der Behandlungszeit in der Regel anonym bleiben. Es besteht keine Abhängigkeit von einer vorhandenen wohnortnahen Versorgungsstruktur und somit fallen auch unter Umständen hohe Mobilitätsanforderungen an Patienten weg.

Die Datenlage zur Effektivität von web-basierter Behandlung der Adipositas ist allerdings eher uneinheitlich und teilweise widersprüchlich (Arem und Irvin 2010). Arem und Irvin konnten in ihrem Review-Artikel aufzeigen, dass bei neun eingeschlossenen Studien mit web-basierter Behandlung ein sehr heterogener durchschnittlicher Gewichtsverlust erfolgte, der sich in einem Bereich von 0 kg bis 7,6 kg im Vergleich zu einer web-unbehandelten Kontrollgruppe bewegte. Grunenberg et al. (2013) beschreiben in ihrem systematischen Review mit fünf eingeschlossenen Studien zwar einen statistisch signifikanten Gewichtsverlust durch web-basierte Interventionen, wobei das Ausmaß mit durchschnittlich 1,3 kg mehr an Gewichtsverlust im Vergleich zu einer Kontrollgruppe klein ausfällt und klinisch wenig bedeutsam erscheint.

Kodama et al. (2012) haben in ihrem Überblicksartikel über den Effekt von web-basierten Interventionen zur Lebensstiländerung 23 randomisierte Studien zwischen 1980 und 2011 eingeschlossen, die web-basierte Interventionen bei erwachsenen adipösen oder übergewichtigen Patienten im Vergleich zu einer Kontrollgruppe, die kein web-basiertes Programm durchführte, untersuchten. In 16 Studien erfolgte die web-basierte Behandlung im Anschluss an ein Gewichtsreduktionsprogramm, lediglich eine Studie untersuchte den Effekt von Internetbehandlung als Ersatz für Einzelberatung (face to face) und die restlichen fünf Studien setzten die Internetbehandlung entweder als Ersatz oder als eine zusätzliche Intervention nach einem Gewichtssreduktionsprogramm ein. 18 Studien hatten einen Gewichtsverlust, fünf Studien die Aufrechterhaltung einer zuvor erfolgten Gewichtsabnahme zum Ziel. Auch hier zeigte sich ein statistisch signifikanter, aber in der klinischen Bedeutsamkeit eher mäßiger Effekt von web-basierter Intervention. Nach genauerer Datenanalyse galt dies auch nur für die Studien, die eine Gewichtsreduktion zum Ziel hatten und bei denen die web-basierte Therapie kombiniert war mit einem persönlichen Einzelkontakt. Die Länge der Intervention schien ebenfalls eine Rolle zu spielen, erst ab einer Dauer von mehr als sechs

Monaten kam es zu einem signifikanten Unterschied. Für den Gewichtserhalt hingegen zeigte sich kein bedeutsamer Unterschied im Vergleich zur (web-)unbehandelten Kontrollgruppe. Die persönliche Einzelberatung (face to face) war in Bezug auf einen Gewichtsverlust der web-basierten Intervention deutlich überlegen.

Insgesamt lässt die Datenlage zu web-basierter Behandlung der Adipositas derzeit noch wenig konkrete Aussagen zu. Es gibt Hinweise, dass sie als ergänzende, jedoch nicht als substituierende, Intervention zu face-to-face Sitzungen einen moderaten Effekt in Bezug auf einen Gewichtsverlust hat. Zukünftig muss jedoch differenzierter untersucht werden, unter welchen Bedingungen und Voraussetzungen, für welche Zielvorgaben sowie für welche Dauer und Patientengruppen web-basierte Programme Unterstützung bieten.

Darüber hinaus liegen bis jetzt auch noch keine Evaluationsdaten von internetbasierten Gewichtsreduktionsprogrammen in Deutschland vor.

4.5 Grenzen von psychotherapeutischer Behandlung der Adipositas

Das folgende kognitiv-verhaltenstherapeutische Behandlungsmanual beinhaltet einen therapeutischen Leitfaden für die Behandlung adipöser Patienten ohne ausgeprägte psychische Komorbidität: mit einem BMI zwischen 30 kg/m^2 und 40 kg/m^2. Das Vorgehen entspricht den Leitlinien der Deutschen Gesellschaft für Adipositas (Deutsche Adipositas-Gesellschaft et al. 2014) (▶ Kap. 5).

Für eine schwerpunktmäßig psychotherapeutische Behandlung gibt es in den Leitlinien fixierte Gewichtsgrenzen. In der Regel liegen diese unter einem BMI von 40 kg/m^2 (Adipositas Grad III) oder bis 35 kg/m^2 bei schwerwiegender somatischer Komorbidität. Der Haupttherapiebereich für einen BMI > 40 kg/m^2 liegt bei adipositas-chirurgischen Maßnahmen und ist der konservativen und psychotherapeutischen Behandlung in Bezug auf langzeitige Gewichtskontrolle, Lebensqualität und Verbesserung der somatischen Komorbiditäten überlegen (Deutsche Adipositas-Gesellschaft et al. 2014). Allerdings ist die Kostenübernahme eines chirurgischen Verfahrens an ein positives psychosomatisches Gutachten gebunden, in dem auch vorhandene komorbide psychische Störungen Berücksichtigung finden müssen. Im Vordergrund des psychosomatischen Gutachtens sollte dabei nicht primär die Identifizierung von Kontraindikation stehen, sondern eine frühzeitige Kontaktaufnahme mit den adipösen Patienten, um bei entsprechender Notwendigkeit eine gezielte psychosomatische Mitbehandlung vor und nach der Operationszeit zu gewährleisten (▶ Kap. 11). Je nach Schweregrad und psychischer Beeinträchtigung kann dann auch im Einzelfall eine längerfristige Psychotherapie notwendig werden.

5 Was empfehlen und fordern Leitlinien?

Martin Teufel

5.1 Aktuelle Leitlinien zur Prävention und Behandlung der Adipositas

Aktuelle nationale und internationale Leitlinien zur Prävention und Behandlung der Adipositas sehen die Notwendigkeit der Kombination aus Ernährungs-, Bewegungs- und Verhaltenstherapie.

Indikationen für eine Behandlung übergewichtiger und adipöser Menschen sollen sein:

- ein BMI ≥ 30 kg/m^2 oder
- Übergewicht mit einem BMI zwischen 25 und < 30 kg/m^2 und gleichzeitiges Vorliegen
  - übergewichtsbedingter Gesundheitsstörungen (z. B. Hypertonie, Typ 2 Diabetes mellitus) oder
  - einer abdominalen Adipositas oder
  - von Erkrankungen, die durch Übergewicht verschlimmert werden, oder
  - eines hohen psychosozialen Leidensdrucks.

Grundlage jedes Gewichtsmanagements sollte ein Basisprogramm sein, das zwei Phasen beinhaltet. In der 1. Phase steht die Gewichtsreduktion im Vordergrund. Die 2. Phase dient der Gewichtserhaltung mit langfristiger Umstellung der Ernährung und vermehrter Bewegung.

Primäres Ziel der Gewichtsreduktionstherapie ist die langfristige Senkung des Körpergewichts verbunden mit einer Verbesserung Adipositas-assoziierter Risikofaktoren, Reduzierung von Adipositas-assoziierten Krankheiten, Verminderung des Risikos für vorzeitige Sterblichkeit, Arbeitsunfähigkeit und vorzeitiger Berentung sowie Steigerung der Lebensqualität. Die gesundheitlichen Vorteile einer Gewichtsreduktion sind umso größer, je mehr das Übergewicht reduziert wird.

Von Wichtigkeit ist, dass die Therapieziele realistisch sind und an individuelle Bedingungen angepasst werden. Dabei sollten individuelle Komorbiditäten, Risiken, Erwartungen und Ressourcen des Patienten stärker als die Gewichtsreduktion allein berücksichtigt werden.

Folgende Ziele innerhalb von 6–12 Monaten hinsichtlich der Gewichtsabnahme sollten angestrebt werden:

- BMI 25 bis 35 kg/m^2: >5 % des Ausgangsgewichts
- BMI >35 kg/m^2: >10 % des Ausgangsgewichts

Die Anpassung der Therapieziele an psychosoziale sowie organmedizinische Gegebenheiten ist unbedingte Voraussetzung für ein erfolgreiches Gewichtsmanagement. Vorerfahrungen des Betroffenen mit Maßnahmen zur Gewichtsreduktion, Stigmatisierung, Essverhalten, soziales Umfeld und die Motivation zur Lebensstiländerung sind vom Behandler zu berücksichtigen. Ebenso wichtig sind Begleitkrankheiten, deren Schwere sowie Einschränkungen hinsichtlich der Bewegungstherapie.

Da Adipositas als chronische Erkrankung mit hoher Rezidivneigung anzusehen ist, sollten dem Patienten über die Phase der Gewichtsabnahme hinaus geeignete Maßnahmen zur langfristigen Gewichtsstabilisierung empfohlen werden. Maßnahmen zur Gewichtsstabilisierung sind im Prinzip ähnlich den Maßnahmen zur Gewichtsreduktion und enthalten Elemente der Ernährungs-, Bewegungs-, Verhaltens- und evtl. der Pharmakotherapie. Die Durchführung der Maßnahmen unterscheidet sich meist von denen mit dem Ziel der Gewichtsreduktion in z. B. Intensität und Dosis.

Eine chirurgische Therapie sollte erwogen werden, wenn eine extreme Adipositas besteht und die konservative Therapie nicht zum Therapieziel geführt hat. Die Indikation zu einem adipositaschirurgischen Eingriff soll interdisziplinär gestellt werden, wenn konservative Maßnahmen ausgereizt sind (▶Kap.6.5). Ziel eines adipositaschirurgischen Eingriffs ist vorwiegend die Verbesserung von Komorbiditäten und die Steigerung der Lebensqualität.

Die Indikation für einen adipositaschirurgischen Eingriff soll gemäß dem BMI wie folgt gegeben sein:

- Adipositas Grad III (BMI ≥ 40 kg/m^2) oder
- Adipositas Grad II (BMI ≥ 35 und < 40 kg/m^2) mit erheblichen Komorbiditäten (z.B. Typ 2 Diabetes mellitus) oder
- Adipositas Grad I (BMI >30 und <35 kg/m^2) bei Patienten mit Typ 2 Diabetes mellitus (Sonderfälle).

Patienten sollen vor der Operation einer Evaluation unterzogen werden mit Erfassung der metabolischen, kardiovaskulären, psychosozialen und Ernährungssituation.

Die nationalen Leitlinien betonen die Notwendigkeit eines interdisziplinären Herangehens. Eine nur einseitige Fokussierung auf bestimmte Teilaspekte greift zu kurz und ist im Sinne des Patienten nur selten ausreichend wirksam und zielführend (Deutsche Adipositas-Gesellschaft et al. 2014).

Teil B: Therapievoraussetzung

6 Interdisziplinäre Diagnostik

Sandra Becker

Voraussetzung für die optimale therapeutische Empfehlung für einen adipösen Patienten ist eine umfassende Diagnostik verschiedener Fachdisziplinen wie Endokrinologie, Sportmedizin, Psychosomatik und Ernährungsberatung an einem interdisziplinären Adipositaszentrum. Ab einem BMI von 35 kg/m² mit somatischen Begleiterkrankungen sollte regelhaft auch die Adipositaschirurgie als diagnostische Station hinzugezogen werden. Eine isolierte Betrachtung und Behandlung einzelner Aspekte der multifaktoriell bedingten Adipositas durch nur eine Fachdisziplin ist unzureichend und birgt unter Umständen sogar Risiken und Gefahren. Aus diesem Grunde bedarf es einer multiprofessionellen Vorgehensweise, die dem einzelnen Patienten und seinen persönlichen Voraussetzungen gerecht wird. Im Folgenden werden die spezifischen Aufgaben in der Diagnostik der verschiedenen Fachdisziplinen, die in einem Adipositaszentrum zusammenarbeiten, beschrieben.

6.1 Endokrinologische Diagnostik

Die endokrinologische Diagnostik hat zum einen die Aufgabe internistische Grunderkrankungen, die zur Entstehung einer Adipositas betragen, auszuschließen. Hierzu gehören die Hypothyreose, das Cushing Syndrom, ein Mangel an Wachstumshormonen oder Testosteron, ein polyzystisches Ovarsyndrom (PCOS), hypothalamische Erkrankungen und genetisch bedingte Erkrankungen (Wirth 2008b). Zum anderen sollen Begleit- und Folgeerkrankungen der Adipositas frühzeitig diagnostiziert und behandelt werden (Becker et al. 2006). Diese schränken übergewichtige Menschen nicht nur in ihrer körperlichen Leistungsfähigkeit und in ihrem Lebensgefühl ein, sondern bergen auch gesundheitliche Risiken. Eine Übersicht über die wichtigsten Begleit- und Folgeerkrankungen findet sich in Tabelle 6.1.

Teil B: Therapievoraussetzung

Tab. 6.1: Wichtige Begleit- und Folgeerkrankungen bei Adipositas

Erkrankung / Störung	Einschränkung	Risiken bezüglich harter Endpunkte
Diabetes mellitus	Glukosestoffwechsel, erhöhte Glukosewerte, erhöhte glykierte Proteine	Erhöhtes mikro- und makrovaskuläres Risiko
Fettstoffwechselstörung	Fettstoffwechsel, erhöhte Triglyzeride, erhöhtes LDL-Cholesterin, erniedrigtes HDL-Cholesterin	Erhöhtes makrovaskuläres Risiko
Gicht	Erhöhter Harnsäurespiegel, Gelenkbefall	Akuter Gichtanfall
Arterieller Hypertonus	Erhöhte Blutdruckwerte, kardiale Belastung	Erhöhtes mikro- und makrovaskuläres Risiko
Kardiale Erkrankung	Herzinsuffizienz, koronare Herzerkrankung	Erhöhtes makrovaskuläres Risiko
Ventilationsstörung	Verminderter Gasaustausch	Respiratorische Insuffizienz, erhöhtes makrovaskuläres Risiko
Schlaf-Apnoe-Syndrom	Verminderter Gasaustausch, zentralnervöse Störung der Vigilanz	Respiratorische Insuffizienz, erhöhtes makrovaskuläres Risiko
Karzinom	Besonders häufig: Kolonkarzinom, Einschränkung der jeweiligen Organfunktion durch Karzinom	Erhöhtes Malignomrisiko
Erkrankungen des Skeletts und des Bewegungsapparates	Eingeschränkte Mobilität, Knochenstoffwechselstörung, sekundär Verschlechterung der Atmungs- und Kreislaufparameter	Frakturen, Verletzungen, erhöhtes Risiko für respiratorische Insuffizienz und makrovaskuläre Erkrankungen

6.2 Sportmedizinische Diagnostik

Ziel der sportmedizinischen Diagnostik ist die Klärung der individuellen Belastbarkeit von Herzkreislaufsystem und Bewegungsapparat. Empfehlenswert ist die Durchführung einer Ergometrie (Geh- oder Fahrradprotokoll) mit Belastungs-EKG. Eine Laktatbestimmung und ggf. auch Spiroergometrie kann zur Klärung der körperlichen Belastbarkeit und Fitness sowie zur individuellen Trainingsempfehlung zusätzliche Information liefern. Um eine auf den Einzelfall zugeschnittene Trainingsempfehlung vornehmen zu können, ist neben den Ergebnissen der

Leistungsdiagnostik eine Berücksichtigung individueller Faktoren wie Ausgangsfitness, bisherige Erfahrung mit körperlichem Training, bevorzugte Bewegungsformen sowie Begleiterkrankungen erforderlich. (Nordic)Walking, Radfahren, Schwimmen oder Aquajogging und ausdauerorientierte Gymnastikprogramme sind zumeist gut realisierbare Bewegungsformen. Krafttraining wird in Kombination mit Ausdauertraining empfohlen. Im Falle degenerativer Erkrankungen des Bewegungsapparates oder einer sehr geringen Fitness bietet Krafttraining die Grundlage zur Durchführung eines Ausdauertrainings. Bei schwer adipösen Patienten stellen oft schon Alltagsaktivitäten eine relevante Trainingsbelastung dar (Becker et al. 2006).

6.3 Ernährungstherapeutische Diagnostik

Die Diagnostik der Ernährungsberatung beinhaltet die Durchführung einer ausführlichen ernährungsphysiologischen und -psychologischen Anamnese. Mit Hilfe von Essprotokollen, in denen das Ernährungsverhalten, die Lebensmittelauswahl und -zusammenstellung sowie das Verzehrverhalten erfasst werden, kann ungünstiges Ess- und Ernährungsverhalten analysiert werden. Auf dieser Grundlage können dann gegebenenfalls Empfehlungen zur Ernährungskorrektur mit dem Patienten erarbeitet werden. Dabei soll auf eine ausgewogene Ernährung im Sinne der DGE-Richtlinien (Deutsche Adipositas-Gesellschaft et al. 2014) geachtet werden, bei denen die Betroffenen ein ausreichendes Sättigungsgefühl erreichen. Dies bedeutet in erster Linie, dass ein Energiedefizit über eine gemäßigte Reduktion des Fett- und Kohlenhydratverzehrs erreicht werden soll (▶ Kap. 9.4).

6.4 Psychosomatische Diagnostik

Die Aufgaben der psychosomatischen Diagnostik umfassen sowohl eine strukturierte und standardisierte Psychodiagnostik, als auch die Erhebung einer biografischen und krankheitsorientierten Anamnese. Adipositas ist für viele Betroffene mit langjährigen seelischen und psychosozialen Belastungen verbunden. Häufig gehen auch komorbide psychische Störungen wie Essstörungen, Depression und Angststörungen mit einher. Die Diagnostik dient dazu, das Ausmaß und den Schweregrad der psychischen Störung festzustellen, um eine Indikation von abgestuften oder spezifischen Psychotherapieangeboten zu überprüfen und gegebenenfalls anbieten zu können. Ein besonderer Aspekt darüber hinaus umfasst die psychosomatische Begutachtung adipöser Patienten mit dem Wunsch nach einer bariatrischen Operation. Eine Kostenübernahme dieses Verfahrens ist unter anderem an ein positives psychosomatisches Gutachten gebunden. Außerdem sollten Patienten mit schwergradigen depressiven Störungen oder Angsterkrankungen sowie Persönlichkeitsstörungen zunächst einer leitlinienorientierten psychosomatischen Behandlung zugeführt werden.

6.5 Chirurgische Diagnostik

Die chirurgische Diagnostik ist ab einem BMI von 35 kg/m² relevant und hat schließlich die Einschätzung zum Ziel, ob und welche operativen Möglichkeiten und Ansätze für den adipösen Patienten in Frage kommen und ihn darüber aufzuklären. Nach den Leitlinien der Fachgesellschaften (Deutsche Adipositas-Gesellschaft et al. 2014) hat die Chirurgie bei der Adipositas Grad III oder Grad II mit schwerwiegenden körperlichen Komorbiditäten ihre klare Indikation und ist hierbei der konservativen Therapie in Bezug auf langzeitige Gewichtskontrolle, Lebensqualität und Verbesserung von Komorbiditäten überlegen. Zur Therapie der morbiden Adipositas werden im Wesentlichen zwei Prinzipien durch die chirurgische Behandlung verfolgt: Zum einen ist dies die Restriktion des Volumens der Nahrungsaufnahme durch eine Verkleinerung des Magenvolumens, zum anderen findet das Prinzip der malabsorptiven Operation Anwendung. Hierbei wird die Gewichtsreduktion durch eine Verringerung der Aufnahme von Fetten aus der Nahrung erzielt. Beide Prinzipien können auch kombiniert werden. Alle bariatrischen Operationen werden in der Regel laparoskopisch durchgeführt, da hierdurch die Wundinfektionsrate deutlich reduziert werden kann und nur eine geringe Gefahr für die Ausbildung von Narbenhernien besteht. Ferner muss sichergestellt sein, dass die Patienten auch langfristig eine qualifizierte chirurgische Nachsorge erhalten.

6.6 Interdisziplinäre Behandlungspfade

Eine interdisziplinäre Fachdiagnostik ist eine wichtige Voraussetzung, um eine auf den jeweiligen Patienten zugeschnittene Therapieempfehlung vornehmen zu können. Grundlage für die jeweilige Empfehlung bilden dabei immer die aktuellen Leitlinien der medizinischen Fachgesellschaften zur Behandlung der Adipositas (▶ Kap. 5).

Welche Behandlungspfade empfohlen und gegebenenfalls kombiniert werden, ist vom Ausmaß des Übergewichts, dem Vorliegen übergewichtsbedingter Erkrankungen, früheren Therapieversuchen, dem Ausmaß der psychischen Komorbidität sowie von Persönlichkeits- und Motivationsfaktoren des Patienten abhängig. Behandlungsziele beinhalten in der Regel eine schrittweise Gewichtsabnahme bzw. langfristige Gewichtsstabilisierung, eine Reduktion der mit dem Übergewicht verbundenen medizinischen Komplikationen, das Erlernen eines regelmäßigen, gesunden und ausgewogenen Essverhaltens, die Wiederaufnahme körperlicher Aktivität mit moderater Leistungssteigerung und gegebenenfalls das Erlernen von Bewältigungsstrategien im Umgang mit emotionalen und sozialen Belastungsfaktoren. Das Therapiekonzept muss auf die individuellen Bedürfnisse und Problembereiche des Betroffenen zugeschnitten sein. Einzelne Behandlungsschritte werden entsprechend den Leitlinien der Deutschen Adipositas-Gesellschaft et al. (2014) kombiniert bzw. stufenweise vorgenommen. Die Therapie sollte im Sinne des Patienten langfristig angelegt und professionell betreut werden. Abbildung 6.1. gibt eine Übersicht über das Prozessmodell und den möglichen Therapieempfehlungen eines interdisziplinären Adipositaszentrums.

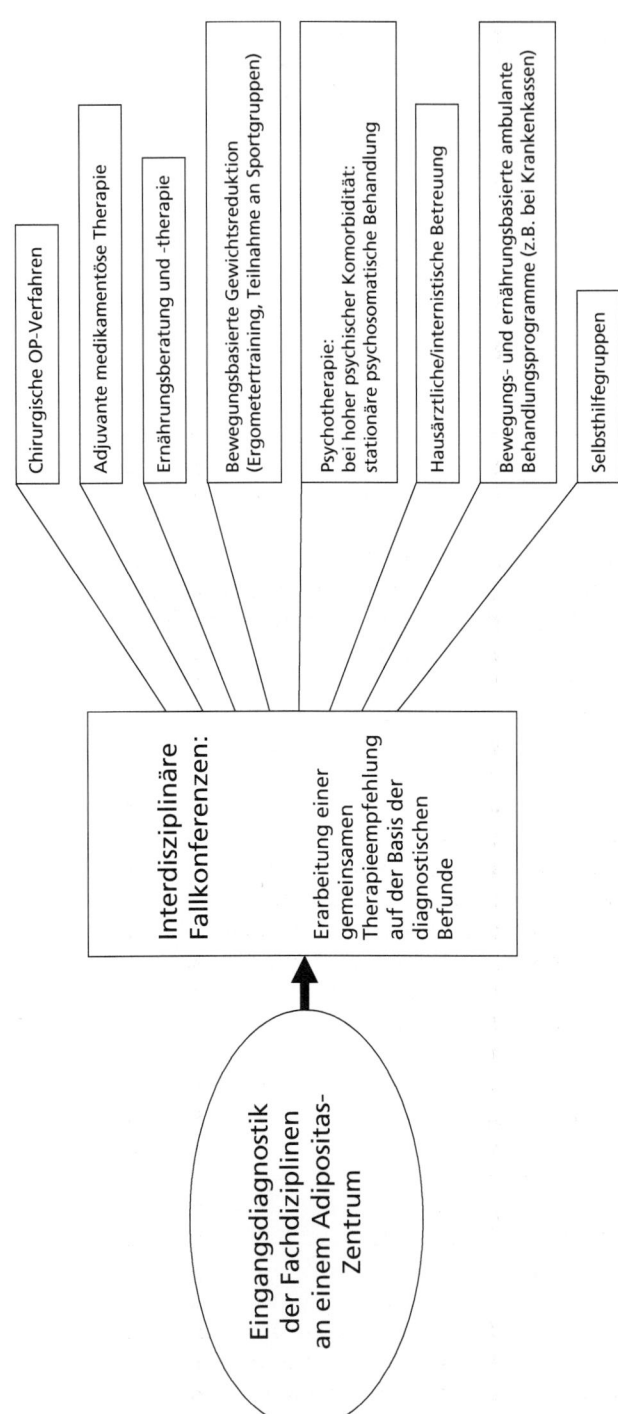

Abb. 6.1: Prozessmodell der Adipositastherapie an einem Adipositaszentrum

7 Motivation zur Veränderung

Sandra Becker

7.1 Herstellen eines tragfähigen therapeutischen Arbeitsbündnisses

Menschen mit Adipositas finden oftmals schwer eine ausreichende Motivation zur Verhaltensänderung. Dass Ermahnungen von ärztlicher Seite wie beispielsweise »Sie müssen abnehmen und weniger essen und sich mehr bewegen« kaum erfolgreich sind, ist unbestritten.

Die Betroffenen haben zumeist viele frustrierende Erfahrungen mit vorausgegangenen Gewichtsreduktionsversuchen hinter sich, die mittelfristig im Gewichtsverlauf wieder zu einem Jojo-Effekt geführt haben. Sie zweifeln daran, ob und wie sie es schaffen können, eine Verhaltensänderung in Bezug auf ihr Ess- und Bewegungsverhalten herbei zu führen, die zu einem langfristigen Gewichtsverlust führt. Oftmals stellt sich ihnen die Frage, ob die Anstrengungen, die sie für eine erfolgreiche Gewichtabnahme aufbringen müssen, im Verhältnis zu dem Ergebnis stehen. Die realistisch zu erwartende Gewichtsabnahme fällt in der Regel geringer aus als diejenige, die die Betroffenen sich wünschen. Deshalb ist es wichtig, dass sich Patienten vor Beginn einer Intervention verdeutlichen, was es für Gründe für, aber auch gegen eine Teilnahme an einem Gewichtsreduktionsprogramm gibt. Zweifel und kritische Einstellungen sollen ebenso wie die damit verbundenen Erfolgserwartungen und Vorteile erörtert und diskutiert werden. Ziel ist die Förderung der Veränderungsbereitschaft unentschlossener, ambivalenter Betroffener durch eine motivierende Gesprächsführung, dem sogenannten »Motivational Interviewing« (MI). MI wurde ursprünglich von Miller und Rollnick in den 1980er Jahren aus der Arbeit mit Suchtpatienten entwickelt (Miller und Rollnick 1991) und ist eine Kommunikationsmethode, die heute in vielen Bereichen – so auch in der Adipositas- und Essstörungsbehandlung (Keifenheim et al. 2013; Carels et al. 2007; DiMarco et al. 2009) – , in denen Patienten zu einer Verhaltensänderung motiviert werden sollen, Anwendung findet.

Zentrale Elemente sind die Förderung intrinsischer Motivation und die Auflösung von Ambivalenz. Der Therapeut sollte dabei einen konfrontativen Stil vermeiden und so die Entscheidung zu einer Verhaltensänderung beim Patienten erleichtern. Er schafft eine Gesprächsatmosphäre, in der vorwiegend der Patient zum Verfechter der Veränderung wird. Ambivalenz wird nicht als Hindernis, sondern als normales Stadium auf dem Weg zu einer Verhaltensänderung verstanden und nicht problematisiert. Widerstand gegen eine Veränderung wird auch als ein Ergebnis von Interaktion zwischen Patient und Behandler betrachtet

(Miller und Rollnick 2009). MI geht davon aus, dass der Patient die Argumente für eine Veränderung selbst entdecken und aussprechen muss. Behandler helfen ihm lediglich, diese Argumente zu finden und zu beleuchten, werden aber selbst nicht in Richtung einer Veränderung argumentieren. Je mehr der Patient über Veränderung spricht (sog. »Change-Talk«) und je mehr er dabei Aussagen zur Selbstverpflichtung macht (sog. »Commitment-Talk«), desto wahrscheinlicher ist es, dass eine Veränderung stattfindet.

In Tabelle 7.1 sind hilfreiche Strategien zur motivierenden Gesprächsführung zusammengefasst.

Tab. 7.1: Strategien der motivierenden Gesprächsführung

Empathie zeigen	• Nicht wertende Haltung einnehmen • Die Situation wird aus Sicht des Patienten betrachtet und verstanden
Argumentieren für eine Veränderung vermeiden	• Argumenten für oder gegen eine Veränderung mit empathischem Zuhören begegnen, keine Stellung beziehen, da dies in der Regel zur Reaktanz beim Patienten führt
Diskrepanzen erzeugen	• Ziele, Wünsche und Einstellungen des Patienten erfragen und Widersprüche dazu zu seinem aktuellen Verhalten aufzeigen
Mit Widerstand konstruktiv umgehen	• Widerstand wird als wichtige Informationsquelle verstanden. Ängste und Zweifel in Bezug auf eine Verhaltensänderung werden aufgegriffen und bearbeitet
Selbstwirksamkeit stärken	• Den Patienten in der Annahme bestärken, dass er die Fähigkeit besitzt, Veränderungen aus eigener Kraft zu erreichen

7.2 Interventionen zur Überprüfung der Veränderungsmotivation

Im Folgenden werden verschiedene Übungen vorgestellt, die Patienten auf eine Verhaltensänderung vorbereiten und in einer Entscheidungsfindung unterstützen. Die Übungen befassen sich mit Vor- und Nachteilen des momentanen Status-quo bzw. der Verhaltensänderung und klären, welche Ziele der Patient in seiner Zukunft erreichen will, welchen Gewinn er sich von einer Verhaltensänderung verspricht und wie sehr er sich und sein Verhalten ändern will.

Vierfeldertafel zu Vor- und Nachteilen einer Verhaltensänderung

Mithilfe eines Bilanzbogens (►Tab. 7.2 bzw. Arbeitsblatt 1) können Patienten alle Gedanken, Argumente und Ideen für und gegen eine Verhaltensänderung festhalten und gegeneinander abwägen. Ebenso können widersprüchliche Argumente gegenüber gestellt und diskutiert werden. Das Bewusstmachen der Vor- und Nachteile ist für eine bessere Einschätzung der Dringlichkeit und der Stärke der Ausprägung eines Veränderungsbedarfs wichtig. Manchen Patienten wird erst hierbei richtig bewusst, wie ambivalent sie einer Veränderung gegenüber sind. Im Herausarbeiten der Vor- und Nachteile kann zusätzlich zwischen kurz- und langfristigen Aspekten differenziert werden. Dabei wird oft klar, dass der

Tab. 7.2: Vierfeldertafel (Beispiel)

Eine Verhaltensänderung in Bezug auf Ess- und Bewegungsverhalten	
Negative Folgen der Adipositas	**Positive Folgen einer Veränderung**
• Ich fühle mich träge (W=7) • Ich denke unentwegt an das Essen (W=5) • Ich habe immer ein schlechtes Gewissen, wenn ich esse (W=2) • Mein Blutdruck ist zu hoch (W=7) • Ich komme bei Bewegung schnell außer Atem (W=6) • Ich schäme mich wegen meines Gewichts und gehe nicht mehr häufig unter Leute (W=7)	• Ich werde abnehmen (W=10) • Ich werde mich körperlich besser fühlen und mehr Kondition bekommen (W=8) • Mein Selbstwert verbessert sich (W=10) • Ich traue mich mehr unter Menschen (W=8) • Ich tue etwas für meine Gesundheit (W=10) • Ich werde mich attraktiver fühlen (W=8) • Die Einhaltung einer Essensstruktur führt dazu, dass ich nicht unentwegt ans Essen denke (W=5)
Positive Folgen der Adipositas	**Negative Folgen einer Veränderung**
• Ich muss mein Essen nicht planen (W=5) • Vermehrt und ohne Kontrolle zu essen, genieße ich kurzfristig (W=7) • Negative Gefühle kann ich mit Essen für eine Zeit gut verdrängen (W=5) • Mein Übergewicht ist manchmal eine gute Begründung, warum bestimmte, mir unangenehme Aufgabe nicht durchführbar sind (W=6)	• Frust und Langeweile kann ich nicht mehr mit vermehrtem Essen bekämpfen (W=7) • Ich werde teilweise eine andere Ernährung als meine Familie einhalten und deshalb manchmal extra Gerichte kochen müssen (W=3) • Ich muss mich sehr anstrengen und disziplinieren (W=8)
Positive Folgen der Adipositas	**Negative Folgen einer Veränderung**
	• Ich werde frustriert sein, weil ich vermutlich langsamer abnehme, als ich mir das wünsche (W=3) • Meine Familie wird mit einer Essensumstellung manchmal nicht einverstanden sein (W=4)

W= Wichtigkeit / 1=wenig wichtig und 10=äußerst wichtig

Status-quo kurzfristig sehr häufig Vorteile mit sich bringt, wohingegen die Nachteile oft erst langfristig eintreten. Wenn alle Pro- und Contra-Argumente bezüglich einer Verhaltensänderung herausgearbeitet wurden, kann zusätzlich eine Einschätzung erfolgen, wie gewichtig die verschiedenen Argumente sind, z. B. indem die Patienten eine Zahl zwischen 1 und 10 (1 = wenig wichtig / 10 = äußerst wichtig) angeben. Im Rahmen einer Gesamtschau der gesammelten und gewichteten Argumente erfolgt eine gemeinsame Diskussion bzw. Einschätzung über die derzeitige Veränderungsbereitschaft des Patienten.

Reflexion über Zukunftsziele

Die Patienten werden mit Hilfe eines Arbeitsblattes (AB 2 »Zukunftsvorstellung nach Verhaltensänderung«) angeleitet, sich vorzustellen, wie ihre Situation aussehen würde, wenn sie eine Verhaltensänderung durch ein Gewichtsreduktionsprogramm erfolgreich durchgeführt hätten. Verschiedene Bereiche wie Stimmung, Selbstwertgefühl, Berufstätigkeit, soziale Beziehungen, Freizeitbeschäftigung, Lebenszufriedenheit und Gesundheit werden dabei fokussiert (▶ Tab. 7.3). Das Arbeitsblatt dient als Grundlage, um über Wünsche, Ziele, Hoffnungen und Erwartungen, die mit einer Intervention zur Gewichtsreduktion verbunden sind, zu

Tab. 7.3: Zukunftsvorstellung nach Verhaltensänderung (Beispiel)

Meine Zukunftsvision nach der Verhaltensänderung	
Stimmung	Meine Stimmung wird sich etwas bessern, weil ich nicht mehr so unzufrieden mit mir bin und auch nicht mehr den ganzen Tag an Essen denken werde.
Selbstwertgefühl	Eine Gewichtsabnahme wird sich positiv auf meinen Selbstwert auswirken. Ich weiß aber auch, dass ich an vielen anderen Dingen arbeiten muss, um selbstbewusster zu werden.
Soziale Beziehungen	Ich werde mich wieder mehr unter Leute trauen und auch wieder mit meinen Freunden zusammen essen.
Partnerschaft / Familie	Meine Familie wird einerseits positiv auf meine Anstrengungen reagieren, andererseits wird es auch Streitigkeiten geben, da ich manche Gerichte nicht mehr kochen werde.
Berufstätigkeit	Keine Veränderung, meine Arbeit wird weiterhin geschätzt.
Freizeitbeschäftigung	Ich werde zusammen mit meinem Mann wieder Walken gehen und mit Freundinnen im Sommer im See baden.
Lebenszufriedenheit	Die Lebenszufriedenheit wird kurzfristig besser, aber ich fürchte auch, dass ich dennoch unzufrieden sein werde. Ich denke, ich will dann immer noch mehr abnehmen. Außerdem gibt es Dinge, mit denen ich unzufrieden bin, egal wie viel ich wiege.
Gesundheit	Ich werde mehr Kondition haben und wahrscheinlich einen besseren Blutdruck sowie niedrigere Blutfettwerte.

reflektieren. Darüber hinaus kann sich der Patient bewusst werden, ob er für sich lohnenswerte Veränderungen in seinem Leben antizipiert, die seine Motivation an sich zu arbeiten, erhöht.

An dieser Stelle ist zusätzlich wichtig, dass überprüft wird, ob die Ziele, die der Patient bzgl. einer Gewichtsreduktion hat, realistisch sind (▶ Kap. 9.3). Oftmals zeigen sich überhöhte Erwartungen von Seiten der Patienten, die das Risiko für Frustrations- und Enttäuschungserlebnisse deutlich erhöhen.

Bezüglich Effekten von verhaltenstherapeutischen Gewichtsreduktionsprogrammen zeigen bisherige Untersuchungen, dass mit einer Lebensstiländerung eine Gewichtsabnahme von durchschnittlich 5–10% vom Ausgangsgewicht zu erreichen ist (▶ Kap. 4.2). Realistisches Ziel einer solchen Intervention ist somit ein moderater Gewichtsverlust, der langfristig aufrechterhalten werden soll. Den Patienten sollte frühzeitig, vor Behandlungsbeginn, vermittelt werden, dass nach einer Phase der Gewichtsabnahme von ca. 5–10% des Ausgangsgewichts (bei einer Dauer von ca. 6–12 Monaten) eine Phase der Gewichtsstabilisierung folgt. Wichtiger Bestandteil der Motivationsphase ist, mit den Patienten Diskrepanzen zwischen ihrem persönlichen Wunschgewicht und dem realistisch zu erwartenden Gewicht, das mit einem Abnahmeprogramm erreicht werden kann, zu thematisieren (▶ Kap. 9.3). Ansonsten ist das Risiko für einen vorzeitigen Programmausstieg bei denjenigen Patienten mit unrealistischen bzw. unerreichbaren Erwartungen bzgl. der Gewichtsabnahme erhöht.

Motivationslineal

Die Bearbeitung des Motivationslineals (▶ Tab. 7.4, bzw. AB 3 »Motivationslineal«) verhilft dem Patienten dazu, sich seiner Veränderungsbereitschaft sowie der Zuversicht, die Veränderung erreichen zu können, bewusst zu werden. Fragen wie beispielsweise: »Aus welchem Grund haben Sie nicht die 0 angekreuzt?« / »Warum haben Sie nicht die 10 angekreuzt?« »Was können Sie tun, um dem Wert 10 näher zu kommen?« können den Dialog über die Behandlungsmotivation (»Change-Talk«) anregen.

Tab. 7.4: Motivationslineal

Wie wichtig ist es Ihnen, Ihr Ziel der Verhaltensänderung zu erreichen?
0 – 1 – 2 – 3 – 4 – 5 – 6 – 7 – 8 – 9 – 10
unwichtig   sehr wichtig
Wie zuversichtlich sind Sie, ihr Ziel der Verhaltensänderung zu erreichen?
0 – 1 – 2 – 3 – 4 – 5 – 6 – 7 – 8 – 9 – 10
gar nicht zuversichtlich   sehr zuversichtlich

Durch die Arbeit an einer Veränderungsmotivation sollen Patienten sich bewusst für die Therapie entscheiden und sich der Notwendigkeit einer aktiven Haltung bewusst werden. Lebensstiländerung erfordert Engagement, Anstrengung und

Durchhaltevermögen, um zu einem langfristigen Erfolg führen zu können. Bei einer solchen Kosten-Nutzen-Abwägung besteht natürlich auch immer die Möglichkeit, dass der Patient sich vorerst gegen die Teilnahme an einer Intervention entscheidet. Dennoch zeigt die Studienlage insgesamt, dass sich durch eine Vorbehandlung durch motivierende Gesprächsführung sowohl eine erhöhte und länger anhaltende Veränderungsmotivation als auch eine geringe Dropout-Rate für eine nachfolgende Intervention erzielen lässt (Westra et al. 2011).

8 Indikationskriterien für ambulante bzw. stationäre oder teilstationäre psychotherapeutische Behandlung

Martin Teufel

Ernährungs- und Bewegungstherapie stellen in Kombination mit verhaltenstherapeutischen Interventionen zur Verhaltensmodifikation die primären Interventionen bei Adipositas dar. Alleinige Psychotherapie stellt bei Adipositas nicht die Therapie der Wahl dar, sondern sollte immer in Kombination bzw. als Ergänzung zur Veränderung der Ernährung und der körperlichen Aktivität gesehen werden (Teufel et al. 2011, Teufel und Zipfel 2013).

Eine ambulante Psychotherapie bei Adipositas sollte u. a. angestrebt werden bei:

- komorbider depressiver Störung
- komorbider Essstörung
- schwieriger Motivation zur Verhaltensänderung
- Problemen in der Aufrechterhaltung des Gewichtsverlusts, die psychotherapeutischen Maßnahmen zugänglich sind
- Problemen in der Emotionsregulation/Impulsivität, die im Zusammenhang mit der Adipositas stehen

Psychotherapeuten sollten sich vergegenwärtigen, welche Ziele sie realistisch mit den Patienten erreichen können und neben gewichtsbezogenen Zielen andere kognitive, emotionale oder soziale Ziele für die ambulante Behandlung definieren. Ziele in der Psychotherapie hängen maßgeblich vom Ausmaß des Übergewichts und bestehenden psychischen Komorbiditäten ab. Ab einer Adipositas Grad III kann eine Psychotherapie in den seltensten Fällen einen signifikanten Gewichtsverlust erreichen, der auch körperliche Komorbiditäten ausreichend positiv beeinflusst.

Bei zunehmender Schwere der oben genannten Symptome und ausbleibendem Erfolg einer ambulanten Psychotherapie ist eine stationäre psychotherapeutische Maßnahme indiziert. Wie in der ambulanten Therapie gilt es neben gewichtsbezogenen Zielen bei Adipositas relevante weitere Ziele zu definieren. Teilstationäre Behandlungssettings können entweder als Step-down Angebote nach initialer stationärer Behandlung oder als direkte Möglichkeit einer intensiven Intervention, wenn sie regional erreichbar und verfügbar sind, das Behandlungsfeld ergänzen. Ein Vorteil von Tageskliniken besteht in dem im Setting enthaltenen aktivierenden und anti-regressiven Ansatz.

Teil C: Therapie

9 Standardbehandlung der Adipositas bei einem BMI zwischen 30 und 40 kg/m²

Sandra Becker, Roswitha Schabert und Isabelle Mack

9.1 Behandlungsinhalte und Rahmenbedingungen

Überblick über die Therapie

Das folgende kognitiv-verhaltenstherapeutische Behandlungsmanual bezieht sich auf adipöse Patienten mit einem BMI im Bereich von 30 bis 40 kg/m² und auf übergewichtige Patienten mit einem BMI von 25 bis 29,9 kg/m², bei denen bereits gewichtsassoziierte Begleiterkrankungen wie Typ-2-Diabetes oder Hypertonie vorliegen. Ebenfalls geeignet ist es für Patienten mit einem betont abdominalen Fettverteilungsmuster (Taillenumfang bei Frauen > 88 cm, bei Männern > 102 cm).

Voraussetzung ist, dass in der zuvor stattgefundenen interdisziplinären Diagnostikphase die Indikation für ein Gewichtsreduktionsprogramm gestellt wurde und der Patient sich bewusst für eine Teilnahme entschieden hat (siehe Teil B). Die Inhalte des Therapieprogramms beschränken sich auf die Behandlung Erwachsener, wobei die Standards bei der Behandlung von Kindern ähnlich sind.

Das Manual ist vorwiegend für den Gebrauch in der Gruppentherapie ausgelegt, kann aber auch für Einzeltherapien genutzt werden. Der Vorteil der Gruppenbehandlung liegt neben ökonomischen Aspekten in der Nutzung von Gruppenkohäsion im Sinne von gegenseitiger Unterstützung und Erfahrungsaustausch. Die Gruppengröße sollte zwölf Teilnehmer nicht überschreiten, da es sonst schwierig wird, individuell auf die einzelnen Gruppenmitglieder einzugehen.

Die Durchführung sollte im Hinblick auf die Module zum Ess- und Bewegungsverhalten sowie zu den psychotherapeutischen Interventionen idealerweise von einem multiprofessionellen Team – bestehend aus Diätassistenten, Bewegungstherapeut und psychologischer oder ärztlicher Psychotherapeut – erfolgen.

Inhalte des Behandlungsmanuals

Im Folgenden wird ein Überblick über die einzelnen Gruppentherapiesitzungen gegeben. Die Inhalte sind als therapeutischer Leitfaden gedacht und haben einen modularen Charakter. Die Module zielen inhaltlich auf eine Veränderung des ungünstigen Essverhaltens, auf eine Steigerung der körperlichen Bewegung, der Verbesserung des Körperbildes und auf eine Stärkung des Selbstwertes ab. Hierbei kommen kognitiv verhaltenstherapeutische Interventionen wie beispielsweise Psychoedukation zu einem gesunden Ess- und Bewegungsverhalten, Selbstbeobachtungsstrategien, Zielklärung, Stimuluskontrolle, Kognitive Umstrukturierung und Stressmanagementstrategien zum Einsatz (▶Tab. 9.1). Dabei muss die Reihenfolge der einzelnen Sitzungen (▶Tab. 9.2) nicht zwingend eingehalten werden. Die jeweiligen Inhalte und Interventionen sollten vielmehr auf die individuellen Bedürfnisse und den spezifischen Rhythmus jeder Gruppe bzw. der einzelnen Mitglieder angepasst werden. Auch können einzelne Themen bzw. Interventionen bei Bedarf kürzer oder länger bearbeitet werden.

Tab. 9.1: Kognitiv-verhaltenstherapeutische Interventionen des Behandlungsmanuals

Psychoedukation	• Auslösende und aufrechterhaltende Bedingungen und Zusammenhänge des Übergewichts • Wissensvermittlung über gesunde Ernährung und ausreichende Bewegung
Vereinbarung von Zielen	• Erarbeitung realistischer Gewichtsziele • Einbezug von gewichtsunabhängigen Zielen • Verantwortlichkeiten im Rahmen der Therapie klären
Selbstbeobachtung/ Verhaltensanalysen	• Führen von Ernährungs- und Bewegungsprotokollen zur Identifikation von problematischem Verhalten und Auslösern • Zusammenhänge von Essen und Gefühlen • regelmäßiges Wiegen und Führen einer Gewichtskurve
Stimuluskontrolle/ Kontrolle von Nahrungsreizen	• Strukturierte Ess- und Einkaufspläne • Einkaufen in sattem Zustand • Nahrungsaufnahme möglichst am gleichen Ort • Wenig Essensvorräte • Aufmerksamkeitsfokussierung auf das Essverhalten (Vermeidung von Ablenkung wie z. B. Computer, Fernsehen, Zeitunglesen)
Kognitive Umstrukturierung	• Ursachenattribution • Selbstbild • Körperbild
Erlernen alternativer Verhaltensweisen statt Essen	• Stressmanagementstrategien • Selbstfürsorge und Achtsamkeit • Aufbau alternativer Strategien zur Affektregulation
Rückfallprophylaxe	• Klärung, was zu Rückfällen führen kann • Selbsthilfe • Umgang mit Rückfällen (»Notfallkarte«)

Zeitlicher Rahmen

Der zeitliche Rahmen erstreckt sich über 18 Sitzungen à 90 Minuten im Gruppensetting. Wird das Therapieprogramm als Einzeltherapie durchgeführt, reicht eine Sitzungsdauer von 50 Minuten aus. Die ersten elf Sitzungen sollen einmal pro Woche durchgeführt werden. Für die letzten sieben Sitzungen empfiehlt sich ein zwei- bis dreiwöchiger Abstand, um den Transfer in den Alltag sowie die Umsetzung in Eigenverantwortung mit ausschleichender therapeutischer Unterstützung zu fördern. Die Patienten sollen vermehrte Erfahrungen damit sammeln, welche Schwierigkeiten sich beim Umsetzen der neu erlernten Verhaltensweisen im häuslichen Umfeld zeigen, gleichzeitig aber in den ausschleichenden Sitzungen, die Möglichkeit bekommen, mit der Gruppe und dem Therapeuten, Lösungsstrategien im Umgang mit den Problemen zu erarbeiten. Insgesamt beträgt die Dauer der Therapie zwischen fünf und sechs Monate.

Förderung körperlicher Aktivität

Zusätzlich sollte den Patienten während der Laufzeit des Programms einmal pro Woche – gemäß den individuellen bewegungstherapeutischen Möglichkeiten – eine geführte Bewegungseinheit von 50 Minuten im Gruppensetting angeboten werden. Dieses Angebot soll den Teilnehmern unter fachlicher Anleitung (Sport- und Bewegungstherapeuten) ermöglichen, verschiedene Bewegungsarten unter Anleitung auszuprobieren und individuelle Vorlieben zu entdecken. Darüber hinaus spielt die Intensität und Häufigkeit des körperlichen Trainings für den Gewichtsverlauf eine wichtige Rolle. Intensivere und täglich durchgeführte Bewegungseinheiten führen zu einem besseren Effekt, sodass letztendlich eine Trainingszeit zwischen 30 und 50 Minuten täglich empfohlen wird (Shaw et al. 2009). Dennoch muss diese Empfehlung den körperlichen Möglichkeiten und der Alltagsrealität der Patienten angepasst werden. Auch kürzere Einheiten, die mit der Zeit gesteigert werden können, haben einen positiven Effekt auf die Gewichtsentwicklung. Nordic Walking, Ergometrie, Ausdauergymnastik, Gerätetraining, Schwimmen und Laufband eignen sich hierbei als Bewegungsarten. Der Fokus einer angeleiteten Bewegung sollte auf einer Motivationsförderung zur langfristigen und für den Einzelfall realistischen Implementierung von körperlicher Aktivität im Alltag liegen. Alternativ kann der Patient individuell aber auch an anderweitige regelmäßige Bewegungsangebote z. B. im Fitnessstudio oder bei Volkshochschulen und Sportvereinen angebunden werden. Zusätzlich soll körperliche Aktivität den Ausbau von Bewegungsgewohnheiten im Alltag (wie zu Fuß gehen, mit dem Fahrrad fahren, Gartenarbeit verrichten) beinhalten. Wichtig ist, den Patienten zu vermitteln, dass es nicht um Leistungssport geht, sondern darum, ihre körperliche Fitness langsam zu steigern und positive Erfahrungen mit Bewegung zu machen. Positive Erlebnisse setzen erfahrungsgemäß auch nicht von Beginn ein, sondern erfordern Durchhaltevermögen und regelmäßige Durchführung.

Teil C: Therapie

Tab. 9.2: Inhalte des Gruppentherapieprogramms

Sitzungen	Gruppentherapieprogramm 90 Minuten
1	• Überblick über die Programminhalte • Kennenlernen der Teilnehmer • Entstehung und Aufrechterhaltung der Adipositas • Einführung in das Ernährungsprotokoll und in die Gewichtskurve • Essensregeln
2	• Analyse des bisherigen Gewichtsverlaufs und der bisherigen Abnehmversuche • Erarbeitung realistischer Gewichtsziele mit Unterscheidung: Gewicht abnehmen und Gewicht halten • Informationen zur körperlichen Bewegung
3 und 4	• Grundlagen einer vollwertigen, gesunden Ernährung I • Erarbeitung von Ernährungszielen
5 und 6	• Grundlagen einer vollwertigen, gesunden Ernährung II • Einführung in Verhaltensanalysen (SORK-Schema) zur Identifizierung von Auslösern für ungünstiges Essen
7 und 8	• Individuelle Analyse nach dem SORK-Schema für ungünstiges Essverhalten • Techniken zur Vermeidung und zur Unterbrechung von ungünstigem Essverhalten
9	• Ausnahmesituationen beim Essen • Reflexion der körperlichen Bewegung im Alltag
10	• Körperbild und Körperwahrnehmung • Abbau von Vermeidungsverhalten körperbezogener Aktivitäten
11	• Zwischenbilanz zum bisherigen Verlauf
12 und 13	• Identifizierung und Veränderung irrationaler Gedanken bzgl. des eigenen Körperbilds • Körperbezogene Aufmerksamkeitsübung
14 und 15	• Selbstfürsorge und Achtsamkeit • Strategien zur Steigerung des Selbstwertgefühls
16	• Umgang mit Rückfällen
17	• Abschließende Bilanzierung über das Therapieprogramm • Überleitung zur Phase der Gewichtsstabilisierung
18	• Abschied • Übergang in die Nachsorgephase: Vereinbarung von Auffrischungssitzungen

9.2 Einführung in das Gruppentherapieprogramm (Sitzung 1)

Überblick:

- Information über die Rahmenbedingungen und die Inhalte des Gruppentherapieprogramms
- Sinn und Zweck von therapeutischen Hausaufgaben
- Vorstellungsrunde zum gegenseitigen Kennenlernen/Partnerinterview
- Entstehung und Aufrechterhaltung der Adipositas
- Einführung in das Ernährungsprotokoll und in die Gewichtskurve
- Berechnung und Einteilung des Körpergewichts
- Essensregeln

Materialien:

- Arbeitsblatt 4: Informationen zur Entstehung und Aufrechterhaltung der Adipositas
- Arbeitsblatt 5: Ernährungsprotokoll mit Anleitung
- Arbeitsblatt 6: Gewichtskurve mit Anleitung
- Arbeitsblatt 7: Berechnung und Einteilung des Körpergewichts
- Arbeitsblatt 8: Essensregeln oder wie man eine gute Esskultur pflegt

Informationen über die Rahmenbedingungen und die Inhalte des Gruppentherapieprogramms

Der Gruppenleiter informiert die Teilnehmer über die formalen Rahmenbedingungen wie Dauer der Sitzungen und des Programms und Verbindlichkeit der Teilnahme. Er erläutert Kommunikations- und Interaktionsregeln, die für einen konstruktiven und wertschätzenden Umgang miteinander wichtig sind wie Pünktlichkeit, aufmerksames Zuhören und Aussprechen lassen, Schweigepflicht einhalten, das Erleben und die Sichtweise des anderen akzeptieren. Es ist wichtig zu betonen, dass jeder Teilnehmer sich aktiv einbringen und bereit sein sollte, auch zwischen den Sitzungen Aufgaben zu bearbeiten und Verhaltensänderungen zu erproben.

Darüber hinaus wird ein Überblick über die Inhalte der 18 Sitzungen gegeben (▶ Tab. 9.2) An dieser Stelle sollten erste Informationen über die Zielsetzung des Gruppentherapieprogramms erfolgen. Zunächst geht es in einer ersten Phase darum, eine langsame, nicht auf Diät basierende Gewichtsabnahme zu erreichen. In der Regel haben fast alle Teilnehmer Erfahrungen, mit Hilfe von Diäten ihr Gewicht zu reduzieren, jedoch ohne anhaltenden Erfolg. Einer anfänglichen Gewichtsabnahme in der Vergangenheit folgte meist ein Frustrationserleben einer sich anschließenden deutlichen Gewichtszunahme (sog. »Jojo-Effekt«). In der

Gruppentherapie sollen Patienten Strategien erlernen, die erreichte Gewichtsabnahme auch langfristig aufrechterhalten zu könnten. Das heißt, einer ersten Phase von Gewichtsreduktion folgt gegen Ende des Therapieprogramms und in der Zeit danach eine längere Phase von Gewichthalten. Die Abnehmphase dauert ca. vier bis sieben Monate, wobei dabei ca. 0,5 kg bis 1 kg pro Woche an Gewichtsverlust zu erwarten ist. Dies sind allerdings Durchschnittswerte, die im Einzelfall beträchtlichen Schwankungen unterliegen können. Es ist immer wichtig, die Entwicklung eines Gewichts über einen längeren Zeitraum zu beobachten und zu interpretieren, anstatt eine Beurteilung aufgrund einzelner Werten vorzunehmen. Nach der Gewichtsreduktionsphase folgt die Phase der Gewichtsstabilisierung, in der der Fokus darauf liegt, eine neuerliche Gewichtszunahme zu verhindern.

Sinn und Zweck von therapeutischen Hausaufgaben

Therapeutische Hausaufgaben intensivieren und unterstützen die Behandlung und können den Therapieerfolg merklich fördern. Die Patienten werden dabei angeregt, Informationsblätter zu lesen, Aufgaben und Übungen zwischen den Sitzungen eigenständig durchzuführen und das Gelernte in den Alltag zu übertragen bzw. praktisch anzuwenden. Wiederholtes und eigenständiges Üben stabilisiert neu erlernte Verhaltensweisen und stärkt das Selbstwirksamkeitsgefühl. Individuelle Schwierigkeiten, aber auch Ressourcen bei der Umsetzung im Alltag können identifiziert und gegebenenfalls bearbeitet und weiterentwickelt werden. Der Therapeut sollte deshalb explizit darauf aufmerksam machen, dass die Durchführung von Hausaufgaben wesentlicher Bestandteil der Therapie ist. Erst Eigenaktivität, Initiative und Übernahme von Verantwortung fördern die Wahrscheinlichkeit, dass die Patienten das Gruppentherapieprogramm erfolgreich beenden und nachhaltig davon profitieren.

Wurde am Ende einer Sitzung eine Hausaufgabe gestellt wie beispielsweise das Ausfüllen eines Arbeitsblatts oder das Lesen eines Informationsblatts, sollte der Therapeut daran denken, dass darauf am Anfang der nächsten Sitzung Bezug genommen wird. Eine Vergewisserung, dass die jeweilige Aufgabe für die Betroffenen klar und verständlich ist, ist ebenfalls hilfreich. Im Behandlungsverlauf kann es erforderlich sein, die Gründe zu erfragen, warum Hausaufgaben nicht erledigt wurden, um nachfolgend Lösungswege für Hindernisse zur Bearbeitung zu suchen. Die therapeutische Haltung sollte sich jedoch am Ansatzes des »Motivational Interviewing« (► Kap. 7) orientieren, bei dem die Verantwortung für eine Verhaltensänderung letztendlich bei den Patienten liegt.

Vorstellungsrunde zum gegenseitigen Kennenlernen/Partnerinterview

Die Patienten werden der Reihe nach aufgefordert, sich kurz vorzustellen mit Name, Herkunftsort, Beruf und aktuelle Wohn- und Lebenssituation (Familie/Partnerschaft). Um das gegenseitige Kennenlernen noch weiter zu vertiefen, kann im Anschluss ein Partnerinterview in der 2er-Gruppe stattfinden, in dem die Teilnehmer sich gegenseitig zu der Entwicklung ihres Gewichtsproblems sowie zu Wünschen und Erwartungen an das Gruppentherapieprogramm befragen. Anschließend fasst jeder Teilnehmer in der Großgruppe zusammen, was er von seinem Interview-Partner erfahren hat. Der Therapeut hat an dieser Stelle die Möglichkeit, einen ersten Eindruck zu bekommen, welche – möglicherweise auch überzogenen und unrealistischen – Ziele und Hoffnungen die einzelnen Patienten mit der Gruppentherapie verbinden.

Entstehung und Aufrechterhaltung der Adipositas

Der Gruppenleiter erarbeitet mit den Teilnehmern ein Modell zur Entstehung und Aufrechterhaltung von Adipositas. Zur Ergänzung kann das Arbeitsblatt 4 (AB »Informationen und Aufrechterhaltung der Adipositas«), das inhaltlich Kapitel 3 entspricht, als Lektüre bis zur nächsten Sitzung ausgeteilt werden. Zusätzlich sollte die Rolle des Jojo-Effektes besprochen werden. Bei dem Jojo-Effekt handelt es sich um einen physiologischen Anpassungsprozess, mit dem sich der Körper gegen einen Angriff auf die Gewichtsstabilität zur Wehr setzt. Dies hat mit unserem evolutionären Erbe zu tun, als die Menschheit immer wieder existentiell durch Nahrungsknappheit bedroht wurde. Einen kontinuierlichen Überfluss an Nahrung gab es in unserer Vorgeschichte nicht. Bei Energiemangel (während einer Diät) sinkt deshalb durch Anpassungsmechanismen unseres Körpers der Energieumsatz auf bis zu 30 Prozent des Normalwertes. Zusätzlich werden bei einem Gewichtsverlust von etwa 10 kg auch etwa 3 kg Muskelmasse abgebaut. Dadurch wird der Grundumsatz wiederum gesenkt und der Gesamtenergieverbrauch geht um etwa 500 kcal zurück (Eisele u. Hauner 2006).

Um das neue Körpergewicht also halten und um den Jojo-Effekt umgehen zu können, muss daher in der Regel die dauerhafte Änderung des gesamten Lebensstils erfolgen.

Einführung in das Ernährungsprotokoll und in die Gewichtskurve

Sowohl das regelmäßige Führen von Ernährungsprotokollen wie auch einer Gewichtskurve sind Grundpfeiler des Behandlungsprogramms. Erst das genaue Beobachten und Aufzeichnen der eingenommenen Nahrungs- und Trinkmengen sowie der durchgeführten Bewegung (▶ Tab. 9.3) machen eine Analyse von ungünstigen und günstigen Ess- und Bewegungsmustern möglich. Zusätzlich können auslösende und aufrechterhaltende Bedingungen dieser Muster identifiziert und eine Einschätzung der erfolgten Therapiefortschritte vorgenommen werden. Damit wird eine Verbesserung der Kontrolle über das Essen und die Bewegung möglich. Über die Auswertung der Ernährungsprotokolle erhält der Teilnehmer Rückmeldung über seine Therapiefortschritte, aber auch über noch bestehende Schwierigkeiten. Um gute Erfolgsaussichten im Aufbau eines guten Ernährungsmanagement zu haben, ist zumindest in der ersten Hälfte der Behandlung das regelmäßige Führen des Protokolls Voraussetzung. Ist eine gewisse Sicherheit und

Stabilität im Ess- und Bewegungsverhalten erreicht, kann die Protokollierung wieder reduziert und zeitweise ganz aufgegeben werden. Das Ernährungsprotokoll mit Anleitung (AB 5 »Ernährungsprotokoll mit Anleitung«) wird ausgeteilt und die Patienten bekommen die Aufgabe, bis zur nächsten Sitzung ihr Essverhalten zu dokumentieren.

Tab. 9.3: Ernährungsprotokoll – Beispiel

Wann wurde gegessen?	Wo und mit wem wurde gegessen?	Wieviel und was wurde gegessen/ getrunken?	Getränke (in Tassen, Gläser beschreiben)	Wie habe ich mich danach gefühlt? Welche Gedanken gingen mir durch den Kopf?	Bewegung
Frühstück Uhrzeit: 07.30 Uhr	Allein zuhause.	Menge/ Lebensmittel: 1 Brötchen mit Butter und Marmelade, 1 Apfel, 1 Fruchtjoghurt	Menge 2 Tassen Kaffee mit 1 Teelöffel Zucker	Satt gefühlt, noch müde, das wird heute ein anstrengender Tag.	Mit dem Fahrrad zur Arbeit.
Zwischendurch Uhrzeit: 10.30 Uhr		Menge/ Lebensmittel: 1 Stück Hefezopf	Menge 1 Tasse Kaffee mit 1 Teelöffel Zucker		2 × Treppe statt Aufzug benutzt.
Mittagessen Uhrzeit: 12.30 Uhr		Menge/Lebensmittel 1 Tasse Suppe, 4 Gemüsemaultaschen, 1 Schale Kartoffelsalat	Menge 2 Gläser Apfelsaft	Am liebsten hätte ich noch weitergegessen, ich fühle mich nicht satt, hätte noch Lust auf etwas Süßes.	
Zwischendurch Uhrzeit: 16.00 Uhr		Menge/Lebensmittel 1 Stück Kirschkuchen	Menge 1 Tasse Kaffee mit 1 Teelöffel Zucker und 1 Glas Wasser	Ich habe ein schlechtes Gewissen, dass ich ein Stück vom Kuchen, den eine Kollegin mitgebracht hat, gegessen habe.	Mit dem Fahrrad nach Hause gefahren.

Tab. 9.3: Ernährungsprotokoll – Beispiel – Fortsetzung

Wann wurde gegessen?	Wo und mit wem wurde gegessen?	Wieviel und was wurde gegessen/ getrunken?	Getränke (in Tassen, Gläser beschreiben)	Wie habe ich mich danach gefühlt? Welche Gedanken gingen mir durch den Kopf?	Bewegung
Abendessen Uhrzeit: 19.00 Uhr		Menge/Lebensmittel 3 Scheiben Schwarzbrot mit Margarine und 3 Scheiben Käse und 4 Scheiben Salami, 1 kleine Schüssel Kopfsalat, 1 Fruchtjoghurt	Menge 2 Gläser Apfelsaft		
Später Uhrzeit: 21.00 Uhr		Menge/Lebensmittel ½ Tafel Schokolade, ½ Tüte Gummibärchen	Menge 1 Glas Apfelsaft	Beim Fernsehen merke ich gar nicht, wie viel Süßigkeiten ich esse und ärgere mich hinterher. Schlechtes Gewissen, ich werde zunehmen.	

Regelmäßiges Wiegen und Führen einer Gewichtskurve

Wöchentliches Wiegen und die Aufzeichnung des Gewichts in einer Gewichtskurve ist wichtiger Bestandteil des Gruppenprogramms. Denn nur so kann man sein Gewicht kontrollieren und rechtzeitig gegensteuern. Mehrere Studien (z. B. Butryn et al. 2007 oder Boutelle und Kirschenbaum 2012) zeigen, dass übergewichtige Menschen, die abgenommen haben, seltener wieder zunehmen, wenn sie sich regelmäßig wiegen. Den Patienten wird deshalb empfohlen, dass sie sich ein bis zwei Mal in der Woche auf die Waage stellen, um ihren Gewichtsverlauf zu erfassen. Relevante Gewichtsschwankungen können so frühzeitig erkannt werden, um ihnen entgegenzuwirken. Von täglichem Wiegen wird eher abgeraten, da kurzfristige Gewichtsschwankungen in der Regel überbewertet oder fehl interpretiert werden. Außerdem besteht damit die Gefahr, sich ausschließlich auf das Thema Gewichtsabnahme zu konzentrieren. Erst Gewichtsverläufe über ca. drei bis vier Wochen geben Aufschluss über eine stabile Entwicklung.

Ein guter Zeitpunkt für das Wiegen ist morgens, direkt nach dem Aufstehen, an ein bis zwei festen Tagen in der Woche. Es ist sinnvoll, immer die gleiche Waage zur Gewichtskontrolle zu benutzen, da andernfalls wenig Vergleichbarkeit gegeben ist. Herkömmliche Waagen sind zumeist nicht geeicht und unterscheiden sich deshalb oft im Ergebnis. Das Arbeitsblatt 6 (AB »Gewichtskurve mit Anleitung«) gibt den Patienten eine Anleitung, wie eine Gewichtskurve geführt werden kann.

Berechung und Einteilung des Körpergewichts

Um den Teilnehmern einen Überblick und eine Einschätzung über ihr Gewicht zu ermöglichen, kann das AB 7 (AB »Berechnung und Einteilung des Körpergewichts«) ausgeteilt werden. Hier wird erklärt, wie der BMI (Body-Mass-Index) zu berechnen und am Ende das Ergebnis zu bewerten ist. Es gibt gleichzeitig einen Überblick, welcher Schweregrad der Adipositas besteht. Zusätzlich sollte der Taillenumfang bestimmt werden, um zu überprüfen, ob eine abdominelle Adipositas vorliegt.

Essensregeln oder wie man eine gute Esskultur pflegt

Für den Aufbau einer vollwertigen und gesunden Ernährung ist es wichtig, mit den Teilnehmern zu besprechen, mit welchem Verhalten beim und rund um das Essen sie ihre Bemühungen zur Gewichtsreduktion gut unterstützen können. Dazu kann das Arbeitsblatt 8 ausgegeben werden.

Arbeitsblatt 8

5 Essensregeln, oder wie man eine gute Esskultur pflegt

- Alle Mahlzeiten sollten geplant und am Tisch eingenommen werden. Wenn mehrere Personen am Tisch eine Mahlzeit einnehmen, fangen alle gemeinsam an.
- Der Tisch sollte schön gedeckt sein und das Essen ansprechend präsentiert werden, sodass es Freude macht, die Mahlzeit dort einzunehmen.
- Während den Mahlzeiten die Aufmerksamkeit auf das Essen richten, nicht fernsehen, gleichzeitig den Computer bedienen, telefonieren oder lesen.
- Während den Mahlzeiten nur in dringenden Fällen aufstehen.
- Lassen Sie sich Zeit beim Essen. Ihr Körper benötigt etwas Zeit, um Ihnen das Signal »Ich bin satt« zu übermitteln. Das Essen dauert also mindestens 20, besser noch 30 Minuten, und die Speisen werden langsam und gut gekaut. Zwischen den einzelnen Bissen und während des Kauens dürfen Sie gerne das Besteck am Tellerrand ablegen.

Diese Empfehlungen können den Teilnehmern helfen, mit dem Essen und den Mahlzeiten bewusst umzugehen, sollen Unterstützung in der Umsetzung im Alltag bieten und es ermöglichen, bisherige Essgewohnheiten zu überdenken.

9.3 Gewichtsziele und Bewegungsmanagement (Sitzung 2)

Überblick:

- Besprechung der Hausaufgabe
- Analyse des bisherigen Gewichtsverlaufs und der bisherigen Abnehmversuche
- Erarbeitung realistischer Gewichtsziele
- Informationen zur körperlichen Bewegung

Materialien:

- Arbeitsblatt 9: Analyse des bisherigen Gewichtsverlaufs und der bisherigen Abnehmversuche
- Arbeitsblatt 10: Informationen zu realistischen Gewichtszielen
- Arbeitsblatt 11: Informationen zur körperlichen Bewegung

Besprechung der Hausaufgabe

Die zweite Sitzung beginnt mit dem Besprechen der Ernährungsprotokolle. Die Patienten sollen Rückmeldungen geben, wie sie mit dem Ausfüllen zurechtgekommen sind, ob und welche Schwierigkeiten es dabei gab, und ob sie schon erste Beobachtungen in Bezug auf ungünstiges bzw. günstiges Essverhalten machen konnten. Es erfolgt der Hinweis, dass das regelmäßige Führen der Tagebücher in den nächsten vier bis sechs Wochen eine wichtige Grundlage ist, um Veränderungen in Bezug auf das Ernährungs- und Bewegungsverhalten nachverfolgen zu können.

Analyse des bisherigen Gewichtsverlaufs und der bisherigen Abnehmversuche

Hierbei geht es um einen Austausch der Gruppenteilnehmer untereinander, welche Erfahrungen sie mit bisherigen Diät- und Gewichtsreduktionsversuchen gemacht haben und wie sich das auf ihre Gewichtsentwicklung ausgewirkt hat. Arbeitsblatt 9 enthält für die Patienten eine Auflistung hilfreicher Aspekte.

Fast alle Betroffenen haben schon eine längere Behandlungsvorgeschichte mit vielen Frustrationserlebnissen in Bezug auf eine Gewichtsabnahme hinter sich. Einer zumeist anfänglichen guten Gewichtsreduktion während einer Diät folgt im Anschluss häufig der »Jojo-Effekt«. Der Therapeut kann diese Erfahrung der Teilnehmer mit dem Hinweis auf wissenschaftliche Studien bestätigen. Es ist zwar möglich, mit einer sehr kalorienreduzierten Kost in kurzer Zeit eine große Gewichtsabnahme zu erzielen. Forschungsergebnisse zeigen aber eindeutig, dass diese Abnahme in der Regel nicht lange anhält. Der Schwerpunkt des Gruppentherapieprogramms liegt deshalb nicht auf einer hohen Gewichtsreduktion um jeden Preis, sondern auf einer innerhalb von sechs bis zwölf Monaten zu erreichenden moderaten Gewichtsabnahme. Die Patienten sollen Verhaltensweisen erlernen, wie sie diese Abnahme langfristig aufrechterhalten können. Diese moderate Abnahme fällt in der Regel jedoch nicht so hoch aus, wie sich die meisten übergewichtigen und adipösen Menschen das wünschen. Der Therapeut hat die Aufgabe, mit den Teilnehmern eine realistische Einschätzung der durch die Gruppentherapie zu erwartenden Gewichtsabnahme vorzunehmen und Diskrepanzen zum persönlichen Wunschgewicht, explizit zum Thema zu machen und zu diskutieren. In der Anfangsphase, aber auch im Verlauf der Behandlung (siehe Sitzung 11), ist es deshalb immer wieder wichtig, dass sich die Teilnehmer mit ihren angestrebten Gewichtszielen und der Bewertung des erzielten Gewichtsverlaufs auseinandersetzen. Große Diskrepanzen zwischen Wunschgewicht und tatsächlich zu erwartendem Gewicht produzieren häufig Enttäuschungserleben bei Patienten, das therapeutisch thematisiert und bearbeitet werden sollte. Die Auseinandersetzung damit erhöht die Chance, dass kleinere Schritte in Richtung Gewichtsabnahme wahrgenommen und als Leistung und Erfolg anerkannt werden.

Arbeitsblatt 9

Analyse des bisherigen Gewichtsverlaufs und der bisherigen Abnehmversuche

Mein derzeitiges Gewicht:

Mein bisheriges Höchstgewicht:

Mein bisheriges niedrigstes Gewicht:

Meine bisher durchgeführten Abnehmversuche:

Mein Gewichtsverlust durch die bisherigen Abnehmversuche:

Kurzfristig:

Langfristig:

Mein Wunschgewicht nach Therapieende:

Was würde sich in meinem Leben ändern, wenn ich mein Wunschgewicht erreicht hätte?

Was wäre, wenn ich mein Wunschgewicht nicht erreichen würde?

Erarbeitung realistischer Gewichtsziele

Die Patienten sollten zu Beginn der Therapie aufgeklärt werden, wie viel Gewichtsabnahme gegen Ende der Therapie in der Regel zu erwarten ist. Je realistischer das angestrebte Gewichtsziel ist, desto wahrscheinlicher gelingt eine dauerhafte Gewichtskontrolle. Wer über viele Jahre hinweg zugenommen hat und lange unter Übergewicht bzw. Adipositas leidet, kann nicht damit rechnen, innerhalb kurzer Zeit viele Kilos durch eine Lebensumstellung zu verlieren. Die Ergebnisse wissenschaftlicher Studien zeigen, dass man durch eine Verhaltensänderung in der Ernährung und Bewegung innerhalb von sechs bis acht Monaten eine Gewichtsreduktion zwischen 5 % bis 10 % von seinem Ausgangsgewicht erreichen kann. Dabei kommt es im Durchschnitt pro Woche zu einem Verlust von 0,5 kg bis 1 kg, wobei es hier im Einzelfall zu beträchtlichen Schwankungen von Woche zu Woche kommen kann.

Wichtig ist darüber hinaus, den Patienten zu vermitteln, dass ein realistischer und maßvoller Gewichtsverlust von 5 % bis 10 % vom Ausgangsgewicht zu einem deutlichen Rückgang von medizinischen Krankheitsfaktoren, die mit dem Übergewicht verbunden sind wie Bluthochdruck, erhöhtes Cholesterin, erhöhte Blutzuckerwerte und Herz-Kreislauferkrankungen führt. Es kommt außerdem zu vermehrtem körperlichem und seelischem Wohlbefinden.

Nach einer ca. sechsmonatigen Abnehmphase kommt es häufig zu einem Gewichtsstillstand, der vermutlich durch einen geringeren Energieverbrauch bei niedrigerem Körpergewicht bedingt ist (Deutsche Adipositas-Gesellschaft et al. 2014; Eisele et al. 2006). Die Erfahrung zeigt, dass es nach Beendigung einer Gewichtsreduktionsmaßnahme – besonders wenn nachfolgend keine weitere Nachsorge mehr stattfindet – häufig wieder zu einer Zunahme kommt. Deshalb rückt nach einer ersten Phase des Gewichtsverlusts in einer zweiten Phase der Gewichtserhalt in Mittelpunkt. Das Gruppentherapieprogramm zielt zu einem wesentlichen Teil darauf ab, das Risiko einer neuerlichen Gewichtszunahme möglichst gering zu halten. Der Gewichtserhalt gelingt nur dann, wenn die Patienten ein bewusstes und ausgewogenes Essverhalten und die gesteigerte körperliche Aktivität beibehalten.

Arbeitsblatt 10 (AB »Informationen zu realistischen Gewichtszielen«) fasst diese Informationen für die Patienten zusammen. Weiterhin werden sie dort aufgefordert, für sich ausrechnen, welche Gewichtsreduktion in ihrem persönlichen Fall zu erwarten ist. Dadurch soll in der Gruppe eine Diskussion in Gang gebracht werden über das Ausmaß der Diskrepanz zwischen dem zu erwartendem und dem gewünschten Gewichtsziel und der damit möglicherweise verbundenen Hoffnung und Enttäuschung.

Informationen zur körperlichen Bewegung

Idealerweise ist dem Gruppentherapieprogramm eine regelmäßige Bewegungseinheit angegliedert (▶ Kap. 9.1), in der die Teilnehmer unter Anleitung Unterstützung und Hilfestellungen zur Steigerung ihrer körperlichen Aktivität bekommen. Ist dies nicht möglich, sollten die Patienten anregt werden, sich anderweitige regelmäßige Bewegungsangebote (z. B. Nordic-Walking Gruppe oder Fitnessstudio) zu suchen und zusätzlich ihre Bewegungsgewohnheiten im Alltag (Rad fahren, Treppen benutzen, Wege zu Fuß zurücklegen) auszubauen.

Das nachfolgende Arbeitsblatt 11 vermittelt den Patienten Gründe für die Wichtigkeit von körperlicher Aktivität. In Sitzung 9 wird die Entwicklung und Steigerung des Bewegungsverhaltens gemeinsam in der Gruppe reflektiert, hierfür ist das tägliche Ausfüllen der Spalte »Bewegung« im Ernährungsprotokoll eine zentrale Grundlage.

Arbeitsblatt 11

Informationen zur körperlichen Bewegung

Warum ist körperliche Bewegung wichtig?
Die Steigerung von körperlicher Aktivität und Bewegung ist ein wichtiger Bestandteil bei der Behandlung von Adipositas. Regelmäßiges Bewegungsverhalten hat einen wesentlichen Einfluss auf die körperliche und psychische Gesundheit.

Mehr Bewegung im Alltag hat zur Folge, dass:

- erhöhter Blutdruck gesenkt wird
- das Herzinfarkt- und Diabetesrisiko sinkt
- das Herz-Kreislauf-Systems gestärkt wird
- die Durchblutung der Muskulatur gefördert wird
- degenerative Veränderungen des Bewegungsapparates verringert werden

- einer Osteoporose vorgebeugt wird
- die Atemmuskulatur gestärkt wird
- eine Stärkung der Immunabwehr stattfindet
- Stress und Belastungen abgebaut werden
- die Muskelmasse zu- und die Fettmasse abnehmen
- das allgemeine und psychische Wohlbefinden sich verbessert

Wichtig: Ein positiver Effekt der Bewegung auf die körperliche Gesundheit stellt sich nicht gleich zu Beginn in allen Punkten ein. Es ist durchaus möglich, dass sich z.B. der Blutdruck erst mal erhöht, wenn eine ungewohnte Belastung auftritt.

Zahlreiche Untersuchungen belegen, dass übergewichtige und adipöse Menschen, die nach einer erfolgreichen Gewichtsreduktion weiterhin aktiv sind, im weiteren Verlauf ihr Körpergewicht besser stabilisieren und ihre Gewichtsabnahme beibehalten konnten als Adipöse, die keine körperliche Betätigung durchführten. Somit hat regelmäßige Bewegung neben positiven Gesundheitseffekten auch einen wesentlichen Einfluss auf die Aufrechterhaltung einer erzielten Gewichtsabnahme.

Wie kann körperliche Bewegung gesteigert werden?
Alltagsbewegung

Die Arten und die Ausführung von körperlicher Bewegung sind von den individuellen körperlichen Möglichkeiten und von dem persönlichen Trainingszustand abhängig. Manche übergewichtige bzw. adipöse Menschen sind schon seit langer Zeit inaktiv und müssen deshalb sehr langsam mit minimalen Belastungen beginnen (z.B. mit leichter Alltagsbewegung), die dann schrittweise gesteigert werden. Mit Alltagsbewegung sind beispielsweise eine konsequente Nutzung von Treppen statt Aufzügen, Erledigungen von Einkäufen zu Fuß oder mit dem Fahrrad, Gartenarbeit, den Hund ausführen, Benutzung von öffentlichen Verkehrsmitteln statt Autofahren bzw. alle Bewegungsmöglichkeiten, die sich in den Alltagsablauf integrieren lassen, gemeint.

Steigerung der körperlichen Aktivität durch Sport

Eine zweite Möglichkeit, den Energieverbrauch durch Muskelarbeit zu erhöhen, besteht in einer zusätzlichen sportlichen Aktivität, die regelmäßig und langfristig ausgeübt werden sollte. Bei Übergewicht und Adipositas sind Ausdauersportarten mit geringem Krafteinsatz wie Walking, Wandern, Radfahren und Schwimmen, die eine dynamische Bewegung der großen Muskelgruppen erfordern, besonders günstig. Insgesamt sollten Sportarten bevorzugt werden, die dem Betroffenen Spaß machen und nicht als Zwang oder reine Belastung empfunden werden.

9.4 Ernährungsmanagement (Sitzung 3 und 4)

Überblick:

- Strategien der Ernährungstherapie bei Adipositas
- Grundlagen einer gesunden vollwertigen Ernährung I
- Besprechung der Ernährungsprotokolle und Erarbeitung von Ernährungszielen

Materialien:

- Arbeitsblatt 12: Einführung in die gesunde vollwertige Ernährung
- Arbeitsblatt 13: Ernährungspyramide und Ernährungskreis
- Arbeitsblatt 14: Hunger, Sättigung und Vorlieben für Nahrungsmittel
- Arbeitsblatt 15: Mengenempfehlung für eine gesunde vollwertige Ernährung
- Arbeitsblatt 16: Beispiel für einen Tagesplan
- Arbeitsblatt 17: Checkliste ungünstiger Essgewohnheiten und Erarbeitung von Veränderungszielen

9.4.1 Strategien der Ernährungstherapie bei Adipositas

Die Ernährungstherapie bei Adipositas zielt darauf ab, die Ernährung so umzustellen, dass ein tägliches Energiedefizit zwischen 500 und 800 kcal/Tag erzeugt wird. Die gewählte Ernährungsform darf keine Gesundheitsschäden hervorrufen. Deshalb sollten extrem einseitige Ernährungsformen nicht empfohlen werden. Prinzipiell können verschiedene Ernährungsstrategien zur Erzeugung eines Energiedefizits eingesetzt werden (Mack und Hauner 2007, Deutsche Adipositas-Gesellschaft et al. 2014, Wycherley et al. 2012, Schusdziarra et al. 2011a):

1. Reduktion des Fettverzehrs,
2. Reduktion des Kohlenhydratverzehrs oder
3. Reduktion des Fett- und Kohlenhydratverzehrs (Verringerung der Energiedichte)

Bei der Reduktion des Fettverzehrs auf 60g/Tag und nicht begrenzten Verzehr von Kohlenhydraten kann ein Energiedefizit von 500 kcal erzeugt werden, insbesondere dann, wenn zuvor fettreich gegessen wurde. Bei der Reduktion des Kohlenhydratverzehrs wird zu Beginn der Therapie der Kohlenhydratanteil auf < 30g/Tag gesenkt, dies entspricht 5 bis 10 Energieprozent der Gesamtenergieaufnahme. Der Fett- und Proteinverzehr wird dabei nicht eingeschränkt. Da es hier zur Bildung von Ketonkörpern kommt, nennt man diese Ernährungsform auch ketogene Diät. Nach zwei Wochen wird dann in der Regel die Kohlenhydratmenge nur noch auf 50–150g/Tag begrenzt, dies entspricht etwa 10–30 Energieprozent der Gesamtenergiezufuhr. Es kommt dann nicht mehr zur Bildung von Ketonkörpern. Bei der mäßig energiereduzierten Mischkost (Reduktion des Fett- und Kohlenhydratverzehrs) wird ebenfalls ein Energiedefizit von 500 bis 800 kcal/Tag angestrebt. Dabei wird versucht, durch die geschickte Auswahl von Lebensmitteln insbesondere die Aufnahme von Fetten und Kohlenhydraten, aber auch von Protein, zu reduzieren. Welche Ernährungsstrategie am sinnvollsten für die Zielführung ist, muss individuell abgeklärt werden. Entscheidend sind dabei die Berücksichtigung der Ess- und Ernährungsgewohnheiten sowie die Nahrungsmittelpräferenzen und Wünsche des Patienten. Diese Komponenten sind entscheidend für die Langzeitcompliance und somit für einen erfolgreichen Gewichtsverlust.

Dieses Manual orientiert sich an der energiereduzierten Mischkost, die große Flexibilität bei der Einzelberatung ermöglicht.

An dieser Stelle weisen wir daraufhin, dass in manchen Fällen der Einsatz von Formulaprodukten mit einer Energiezufuhr zwischen 800 und 1200 kcal/Tag über einen begrenzten Zeitraum in Erwägung gezogen werden sollte. Diese Strategie ist jedoch nicht Bestandteil dieses Manuals. Als weiterführende Literatur empfehlen wir unter anderem die evidenzbasierten Leitlinien zur Therapie und Prävention der Adipositas (Deutsche Adipositas-Gesellschaft et al. 2014).

9.4.2 Grundlagen einer gesunden vollwertigen Ernährung I

Ziel dieser Sitzung ist, den Teilnehmern Informationen über die Prinzipien einer gesunden und ausgewogenen Ernährung zu geben. Zentrale Aspekte hierbei sind:

- Mahlzeitenstruktur
- Ausgewogene Ernährung
- Nahrungsmittelmenge und Sättigung
- Nahrungsmittelpräferenzen

Die Vermittlung dieser ersten Ernährungsgrundlagen sollte über zwei Sitzungen erfolgen, sodass die Patienten genug Zeit für die Verarbeitung dieser Inhalte sowie für die Übertragung auf ihre persönliche Ernährungssituation haben. Die Arbeitsblätter können in Kleingruppen durchgelesen und diskutiert werden.

Mahlzeitenstruktur

Viele Menschen essen häufig unstrukturiert über den ganzen Tag verteilt. Man nennt dies auch »Snacking-Verhalten«. Gerade dieses beiläufige Essen soll so weit wie möglich durch eine weitgehend festgelegte und kontinuierliche Essensstruktur vermindert werden. Am Anfang des Therapieprogramms ist es aus diesem Grunde sehr hilfreich, dass Patienten sich einen Tagesplan erstellen, wann, was und wie viel genau sie am Tag essen möchten. Zu empfehlen sind drei Hauptmahlzeiten und dazwischen vier bis fünf Stunden Essenspause. Zwischenmahlzeiten sollten die Ausnahme bleiben. Hintergrund ist, dass Zwischenmahlzeiten nicht bzw. nur bedingt zur lang anhaltenden Sättigung beitragen. So wurde gezeigt, dass trotz Einnahme einer Zwischenmahlzeit die Kalorienaufnahme bei den Hauptmahlzeiten oft nicht reduziert wird (Mesas et al. 2012; Chapelot 2011; Gregori et al. 2011; Bertenshaw et al. 2008; Schusdziarra et al. 2010). Diese zusätzliche Energieaufnahme wirkt sich deshalb insbesondere dann negativ aus, wenn eine Gewichtsreduktion oder eine Aufrechterhaltung des Gewichtes angestrebt wird. Lediglich bei ausgeprägter körperlicher Belastung über einen längeren Zeitraum oder auf ausdrücklichen Wunsch des Patienten und unter Berücksichtigung dessen individueller Vorlieben wird empfohlen, noch ein bis zwei geplante Zwischenmahlzeiten, die möglichst gleichmäßig über den Tag verteilt sein sollen, einzunehmen. Dazwischen sollte in der Regel keine weitere und ungeplante Nahrungsaufnahme stattfinden. Gegessen werden sollte im Sitzen, und während des Essens sollten keine anderen Tätigkeiten wie z. B. Fernsehen oder Computerspielen ausgeführt werden. Unterstützend kann eine freundliche und einladende Gestaltung des Essplatzes durch Tischtuch, Serviette, schönes Geschirr etc. wirken, da dies zu einer entspannten und genussvollen Essatmosphäre beiträgt (AB 8 »Essensregeln oder wie man eine gute Esskultur pflegt«). Ebenso wichtig ist, dass die Essenszeit nicht zu knapp bemessen ist, damit ein angemessenes Esstempo eingehalten werden kann (Mesas et al. 2012, Robinson et al. 2013).

Ausgewogene Ernährung

Eine ausgewogene Ernährung (AB 12 »Einführung in die gesunde vollwertige Ernährung«) setzt sich zu etwa 50–55 % aus Kohlenhydraten, zu etwa 30–35 % aus Fett und zu 12–15 % aus Eiweißen zusammen (Hauner et al. 2012; Deutsche Gesellschaft für Ernährung et al. 2011). In der Praxis liegt der Verzehr von Kohlenhydraten oft unter den empfohlenen Werten. Die Deutsche Gesellschaft für Ernährung (DGE) hält eine Unterschreitung des Richtwerts (<50 % Energieaufnahme durch Kohlenhydrate) unter gewissen Vorraussetzungen jedoch für akzeptabel. Es kommt dann zwangsläufig zu einer erhöhten Aufnahme von Fetten und Eiweißen (Hauner et al. 2012; Deutsche Gesellschaft für Ernährung et al. 2011). Somit bleibt genügend Spielraum für die Anpassung der individuellen Ernährungspläne auch bei der Makronährstoffauswahl. Im Rahmen dieser Therapie orientiert sich das Manual für die Nahrungsmittelauswahl an der Ernährungspyramide (▶ Abb. 9.1) bzw. dem Ernährungskreis der DGE (AB 13 »Ernährungspyramide und Ernährungskreis«). Beide Grafiken vermitteln die gleichen Inhalte. Der größte Anteil der Nährstoffzufuhr sollte durch Reis, Kartoffeln, Getreide und deren Erzeugnisse, sowie durch Gemüse und Obst gedeckt werden. Etwa ein Fünftel der verzehrten Nahrungsmittel sollte aus Milch und Milcherzeugnisse bestehen. Fleisch, Fisch, Wurst und Eier sollten nur etwa ein Zehntel der Nahrungsmittel ausmachen. Ein kleiner Anteil, unter 5 %, nehmen Fette und Genussmittel wie Süßes, Alkohol und Knabbereien ein. Die Ernährungspyramide liefert somit die Grundlagen und eine Orientierung darüber, welche Mengen der verschiedenen Nahrungsmittel für eine ausgewogene Ernährung mit einem ausreichendem Sättigungsgefühl und einer guten Versorgung mit allen wichtigen Nährstoffen notwendig sind. Mit Hilfe des Arbeitsblattes 13 vermittelt der Therapeut diese Empfehlungen. Es ist sinnvoll, beide Grafiken in der Praxis auszuprobieren. Der Ernährungskreis ist aus didaktischer Sicht vorteilhaft, da alle Lebensmittel »gleichberechtigt« im Kreis dargestellt werden. Im Rahmen der Therapie sollten die Begriffe »gesunde« und »ungesunde« Lebensmittel nicht verwendet werden, da der Verzehr von z. B. Süßigkeiten oder Fastfood nicht im Widerspruch zu einer ausgewogenen Ernährung steht. Patienten sollen lernen, dass es keine »verbotenen« Nahrungsmittel gibt, mit denen automatisch ein Schuld- oder Schamgefühl beim Verzehr verbunden ist. Lediglich ein übermäßiger und unreflektierter Konsum ist problematisch. Sinnvoller ist es im Gespräch die Lebensmittel als »hochkalorisch« und »niederkalorisch« oder »günstig« und »weniger günstig« zu bezeichnen.

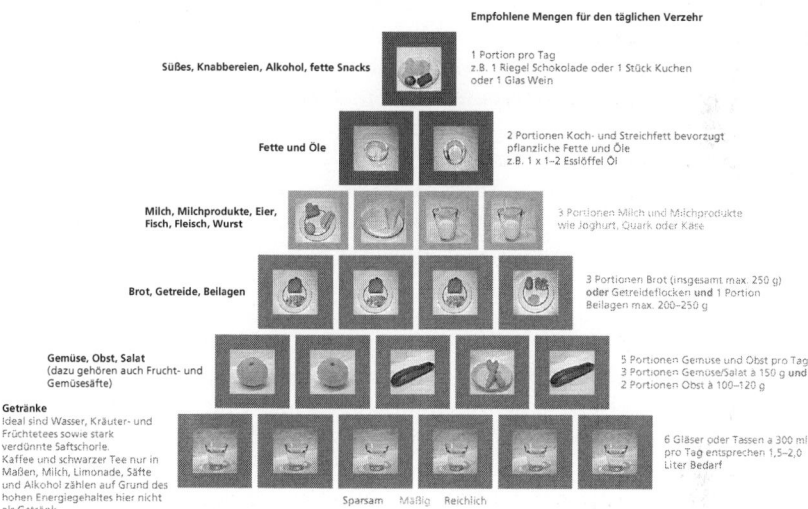

Abb. 9.1: Ernährungspyramide

Nahrungsmittelmenge und Sättigung

Neben der Nahrungsmittelauswahl ist die Nahrungsmittelmenge für eine erfolgreiche Gewichtsabnahme entscheidend. Der Verzehr zu großer Essensportionen kann zur Aufnahme inadäquat hoher Energiemengen führen, insbesondere dann, wenn ein Großteil der Mahlzeit zusätzlich aus energiedichten Lebensmitteln besteht. Es wird in der Regel mehr gegessen, wenn größere Portionen angeboten werden. Das gilt sowohl für die Portion auf einem Teller als auch für die Menge der Lebensmittel in einer Verpackung. Es ist daher sinnvoll, die Portionsgrößen vor dem Verzehr der Nahrung individuell angemessen festzulegen (Steenhuis und Vermeer 2009; Mesas et al. 2012) Entscheidend ist jedoch auch, die festgelegten Portionsgrößen nicht zu klein zu wählen.

Hunger und Sättigung sind komplex reguliert. Dabei kommt es zu einem engen Zusammenspiel zwischen dem Gehirn, dem Magen-Darm-Trakt und dem Fettgewebe (Murphy u. Bloom 2006; Ahima u. Antwi 2008; Delzenne et al. 2010). Das entscheidende, erste Signal für die Sättigung erfolgt durch die Füllung und Dehnung des Magens. Es ist also nicht die Energiedichte von Lebensmitteln, die uns primär satt macht, sondern die Menge, also das Volumen der Nahrung (Hellstrom 2013; Tewari et al. 2013). Ernährungsprotokolle zeigen, dass Menschen, die abnehmen wollen, eine Nahrungsmittel-Wohlfühlmenge von etwa 1100–1200g benötigen (Schusdziarra et al 2009). Für die Praxis bedeutet das, dass jeder Mensch eine gewisse Nahrungsmittelmenge braucht, um sich satt und nicht hungrig zu fühlen. Um ein Energiedefizit zu erreichen ist es daher entscheidend, Nahrungsmittel mit überwiegend niedriger und mittlerer Energiedichte zu verzehren (Schusdziarra u. Hausmann 2007). Statt Lebensmittel zu streichen, sollte die Auswahl der Lebensmittel mit Hilfe der Ernährungsprotokolle überprüft werden. Das »Verbieten« von Lebensmitteln hilft oft wenig. Sinnvoller ist es, ungünstige Lebensmittel mit günstigeren Lebensmitteln zu ersetzen. Beispiele: Lyonerwurst kann gut durch Kochschinken ersetzt werden, ohne dass dies eine größere Entbehrung für den Patienten darstellt. Weißbrot kann durch Vollkornbrot oder Mischbrot ersetzt werden, 3,5 % fette Milch durch 1,5 % fette Milch usw. Das gilt ebenso für Süßigkeiten, salzige Snacks oder andere kalorienhaltige Lebensmittel. Je nach Vorliebe des Patienten sollten sie in den Essensplan aufgenommen werden, allerdings sollte die Menge klar festgelegt und gemeinsam überlegt werden, ob es Alternativen gibt, z. B. ob ein Stück Sahnekuchen durch einen Obstkuchen oder Eis mit Sahne durch Eis (evtl. sogar leicht fett- und/oder zuckerreduziert) mit Früchten ersetzt werden kann. Dieses Vorgehen gewährleistet, dass die Vorlieben für gewisse Nahrungsmittel weitestgehend berücksichtigt werden, was Voraussetzung für eine langfristige Ernährungsumstellung und eine damit einhergehende Gewichtsreduktion ist (Eisele u. Hauner 2006; Deutsche Adipositas-Gesellschaft et al. 2014; Hession et al. 2009). Arbeitsblatt 14 (AB »Hunger, Sättigung und Vorlieben für Nahrungsmittel«) gibt diese Informationen für Patienten wieder.

Die Arbeitsblätter 15 und 16 (AB »Mengenempfehlung für eine gesunde Ernährung« und AB »Beispiel für einen Tagesplan«) geben Orientierung, wie ein konkreter Tages-Ernährungs-Plan aussehen könnte, und sollten mit den Patienten besprochen werden. Die Ernährungspläne sollten individuell auf Grundlage des Ruheenergiebedarfs, der Aktivität und der Ernährungsgewohnheiten abgestimmt werden. Es benötigt viel Zeit, bis der Patient eine verlässliche Wahrnehmung von Hunger- und Sättigungsgefühlen entwickelt

Nahrungsmittelpräferenzen

Eine entscheidende Voraussetzung für eine langfristige Umstellung des Ernährungs- und Bewegungsverhaltens ist das Finden eines Konzepts, welches auf die Bedürfnisse und Wünsche des jeweiligen Patienten eingeht und damit für ihn akzeptabel und in der Praxis umsetzbar ist. Die Ernährungsprotokolle helfen, Essvorlieben und Essgewohnheiten herauszufinden. Mit den Patienten werden dann

Vereinbarungen getroffen, welche Veränderungen innerhalb der nächsten Wochen und Monate oder generell vorgenommen werden (▶ Kap. 9.4.3). Die Fortschritte und die Umsetzung der Vereinbarungen müssen im Laufe der Therapie immer wieder überprüft und gegebenenfalls angepasst werden (Eisele und Hauner 2006; Makris und Foster 2011). Das Arbeitsblatt 14 (AB »Hunger, Sättigung und Vorliebe für Nahrungsmittel«) hilft, Vorlieben für Nahrungsmittel und Essgewohnheiten herauszuarbeiten, zu überdenken und sinnvolle Alternativen zu finden.

9.4.3 Besprechung der Ernährungsprotokolle und Erarbeitung von Ernährungszielen

Die Patienten werden angeregt, über ihre bisherigen Erfahrungen mit dem Ausfüllen der Essprotokolle zu berichten und zu reflektieren, wo sie bei sich in Bezug auf die gerade erhaltenen Informationen über ein gesundes Ernährungsmanagement erste Schritte in die richtige Richtung, aber auch Defizite und Probleme sehen. Die Checkliste bzgl. möglicher ungünstiger Essverhaltensweisen auf dem AB 17 (AB »Checkliste ungünstiger Essgewohnheiten und Erarbeitung von Veränderungszielen«) kann zusätzlich eingesetzt werden, um herauszufinden, welche individuellen Probleme im Essverhalten vorliegen. Daraus können sich Ernährungsziele für die nächste Woche ergeben, die die Patienten für sich auf diesem Arbeitsblatt festhalten sollen. Erfahrungsgemäß ist es für die Umsetzung hilfreich, nicht mehr als drei Zielvorhaben zu formulieren. Zusätzlich gibt der Therapeut den Hinweis, dass dieses Arbeitsblatt im Laufe der Behandlung immer wieder mit weiteren Zielen bzgl. des Essverhaltens ergänzt werden kann, sofern vorige Ziele erfolgreich umgesetzt werden konnten.

Zum Ende der Stunde weist der Gruppenleiter die Teilnehmer darauf hin, dass die nächste Therapiestunde sich neben weiteren Ernährungsinformationen mit den Auslösefaktoren von problematischem Essverhalten beschäftigen wird und hierfür die geführten Essprotokolle der letzten Wochen mitgebracht werden sollten.

9.5 Ernährungsmanagement und Analyse von ungünstigem Essverhalten (Sitzung 5 und Sitzung 6)

Überblick:

- Grundlagen einer gesunden vollwertigen Ernährung II
- Einführung in Verhaltensanalysen (SORK-Schema) zur Identifizierung von Auslösern für ungünstiges Essverhalten

> **Materialien:**
>
> - Arbeitsblatt 18: Energiedichte und glykämischer Index
> - Arbeitsblatt 19: Getränke
> - Arbeitsblatt 20: Ballaststoffe
> - Arbeitsblatt 21: Verhaltensanalyse SORK-Schema

9.5.1 Grundlagen einer gesunden vollwertigen Ernährung II

Energiedichte und glykämischer Index

Lange glaubte man, der Glykämische Index (GI) unterstütze eine gesunde Ernährung im Rahmen einer Gewichtsreduktion. Die Literatur ist jedoch sehr widersprüchlich (Esfahani et al. 2011). Der GI errechnet sich aus dem Anstieg des Blutzuckerspiegels nach Aufnahme eines Nahrungsmittels im Verhältnis zum Blutzuckeranstieg eines Referenzlebensmittels. Das Referenzlebensmittel ist in der Regel Weißbrot. Der Blutzuckerspiegel wird für mehrere Stunden nach der Nahrungsaufnahme aufgezeichnet. Somit gibt der GI eines Lebensmittels an, wie sich dessen Aufnahme auf den Blutzuckerspiegel auswirkt. Je niedriger der GI, desto langsamer der Blutzuckeranstieg. Diese Informationen sind für Typ 1-Diabetiker, die sich selbst Insulin spritzen müssen, sehr hilfreich. Bei adipösen Menschen interessiert uns jedoch nicht der Blutzuckerspiegel, sondern vielmehr der Insulinspiegel im Blut. Dieses Hormon blockiert den Fettabbau und fördert den Fettaufbau. Der GI und der Insulinspiegel im Blut korrelieren jedoch nur bedingt miteinander, insbesondere wenn die Mahlzeiten komplex, bestehend aus Kohlenhydraten, Fett und Eiweiß zusammengesetzt sind. Hinzu kommt, dass uns der GI nur bedingt Informationen über die Energiedichte der Lebensmittel liefert. Diese ist aber entscheidend für die günstige Nahrungmittelauswahl (Schusdziarra und Hausmann 2007). Arbeitsblatt 18 beschäftigt sich mit dieser Thematik im Rahmen der hier vorgestellten mäßig, energiereduzierten Mischkost.

Getränke – flüssige Kalorien, die uns nicht satt machen

Flüssigkeiten passieren den Magen sehr schnell und führen nur kurzfristig und eingeschränkt zu einer Sättigung. Zudem ist bei vielen Getränken die Energiedichte relativ hoch. Somit gilt, dass kalorienhaltige Getränke Dickmacher sind und nicht zu einer dauerhaften Sättigung führen. Ein Hauptaugenmerk sollte deshalb bei der Betrachtung von Ernährungsprotokollen auf die Getränke gelegt werden. Bevorzugt sollten Wasser und ungesüßte Kräutertees als Getränke eingesetzt werden. Kalorienhaltige Getränke sollten die Ausnahme bleiben. Fruchtsäfte sollten bevorzugt als Schorle getrunken werden (Hauner et al. 2012; Slavin 2012; Wolf et al. 2008; Pan und Hu 2011). Informationen für Patienten dazu finden sich auf Arbeitsblatt 19 (AB »Getränke«).

Ballaststoffe

Ein wichtiger Bestandteil einer abwechslungsreichen, gesunden Ernährung im Rahmen einer Gewichtsreduktion sind die Ballaststoffe. Ballaststoffe sind Faserstoffe pflanzlicher Herkunft, die nicht von den körpereigenen Verdauungsenzymen abgebaut werden. Sie verlängern das Sättigungsgefühl und ein regelmäßiger Verzehr kann Magen-Darm-Beschwerden, Typ-II-Diabetes, Adipositas und Herz-Kreislauf-Problemen vorbeugen (Hauner et al. 2012; Rees et al 2013; Belobrajdic und Bird 2013). Die DGE empfiehlt eine Aufnahme von 30g Ballaststoffen pro Tag. Die durchschnittliche Ballaststoffaufnahme in der Bevölkerung liegt jedoch deutlich niedriger. Der Median der Ballaststoffaufnahme liegt bei Frauen bei 23g/Tag, bei Männern bei 25g/Tag (Max-Rubner-Institut 2008). Eine hohe Ballaststoffaufnahme kann auch mit einer erhöhten Kalorienaufnahme verbunden sein. Daten von Schusdziarra und Mitarbeitern (2011b) zeigen, dass die Aufnahme von 30 g Ballaststoffen pro Tag mit einer deutlichen Erhöhung der Energiemenge um etwa 40 % einhergehen kann. Das liegt daran, dass abgesehen von Gemüse und Obst, ballaststoffreiche Nahrungsmittel oft eine hohe Energiedichte aufweisen wie z. B. Getreide und Getreideerzeugnisse (Vollkornbrot, Getreideflocken). Hinzu kommt, dass Brot in der Regel zusätzlich mit energiedichten Lebensmitteln wie Butter, Wurst und Käse belegt wird. Daher gilt die Empfehlung einer Erhöhung des Ballaststoffanteils in der Nahrung nur bedingt. Es hängt von der Ausgangssituation ab, und diese kann mit Hilfe der Ernährungsprotokolle überprüft werden. Sinnvoll ist auf jeden Fall die Ersetzung von raffinierten Reis- und Getreideprodukten durch komplexere Kohlenhydrate in Form nicht raffinierter Produkte. So können Nudeln durch Vollkornnudeln, Brot durch Vollkornbrot/Mischbrot und Mehl durch Vollkornmehl/Mehl mit höherer Typ-Zahl ersetzt werden und der uneingeschränkte Verzehr von Gemüse empfohlen werden. Das Arbeitsblatt 20 (AB »Ballaststoffe«) kann mit den Teilnehmern gemeinsam durchgelesen und besprochen werden.

Je nachdem, wie viel Zeit die Informationsvermittlung über Ernährung in Anspruch genommen hat, kann in dieser Sitzung nachfolgend mit der Einführung des SORK-Schemas begonnen werden.

9.5.2 Einführung von Verhaltensanalysen (SORK-Schema) zur Identifizierung von Auslösern für ungünstiges Essverhalten

Die Selbstbeobachtung durch das regelmäßige Führen der Essprotokolle ermöglicht es den Patienten, erste Hinweise für Auslöser und kritische Situationen für ungünstiges Essverhalten zu identifizieren. Damit Verhaltensänderungen und Bewältigungsstrategien für ungünstiges Essverhalten erarbeitet werden können, müssen im Vorfeld erst die Bedingungen für dieses Problemverhalten analysiert und verstanden werden. Zu ungünstigem Essverhalten zählen Situationen, in denen man unkontrolliert bzw. übermäßig, zu wenig gegessen oder sogar Mahlzeiten ausgelassen hat. Auch ungeplante und unausgewogene Nahrungsaufnahme gehört dazu. Die Patienten sollen lernen, genau hinzuschauen und zu verstehen, in welchen Situationen und unter welchen Umständen bei ihnen ungünstiges Essverhalten auftritt. Zusammenhänge oder bisher unentdeckte Aspekte, die möglicherweise automatisch und unbewusst vorhanden sind, können differenzierter wahrgenommen werden wie beispielsweise Überessen bei Langeweile oder Einsamkeitsgefühlen. Ein gutes Hilfsmittel, um häufiger auftretendes Problemverhalten besser verstehen zu können, sind situationsbezogene Verhaltensanalysen. Dabei wird eine konkrete Situation, in der z. B. ungünstiges Essenverhalten aufgetreten ist, auf vier Ebenen (Gedanken, Gefühle, Körperreaktionen und Verhalten) ganz genau beschrieben und analysiert. Den Betroffenen kann dadurch bewusster werden, wie sie auf bestimmte und typische Situationen, in denen ungünstige Verhaltensmuster auftreten, gedanklich, gefühlsmäßig, körperlich und im Verhalten reagierten, und welche Konsequenzen ihre Reaktionen haben. Es werden somit die wichtigen auslösenden und aufrechterhaltenden Bedingungen für den Einzelnen herausgearbeitet. Die jeweiligen Bedingungsfaktoren lassen sich in einem sogenannten SORK-Schema, das von Kanfer in den 1970er Jahren entwickelt wurde, abbilden (Kanfer et al. 2011). »S« steht für Stimulus und kennzeichnet den Reiz bzw. die Situation, in der das Verhalten auftritt. Die Organismusvariable (»O«) beinhaltet die individuellen biologischen und lerngeschichtlichen Ausgangsbedingungen bzw. Charakteristika der Person auf den Stimulus. Damit sind alle in die Situation schon mitgebrachten körperlichen Zustände und Eigenschaften gemeint. Diese werden nicht durch die aktuelle Situation ausgelöst, sondern sind grundsätzlich bei einer Person vorhanden, wie beispielsweise negative Grundeinstellung (z. B. »Mich nimmt nie jemand ernst.«) oder eine bestimmte emotionale Reaktionsbereitschaft. Die Reaktion (»R«) bezeichnet das Antwortverhalten einer Person auf den Stimulus und »K« die kurzfristigen und langfristigen Konsequenzen, die auf die Reaktion hin erfolgen. Die kurzfristigen, hauptsächlich positiven, Konsequenzen erfolgen zumeist innerhalb weniger Sekunden oder Minuten und wirken im lerntheoretischen Sinne verstärkend und aufrechterhaltend. Sie sind dafür verantwortlich, dass ungünstige Verhaltensmuster immer wieder auftreten. Die langfristigen, zumeist überwiegend negativen Konsequenzen hingegen tragen im Wesentlichen zu einer Veränderungsmotivation bei, da sie Leidensdruck verursachen und zu einer Einschränkung von Lebensqualität und Entwicklungsmöglichkeiten führen. Situationsbezogenen Verhaltensanalysen ermöglichen somit die Entwicklung eines individuellen Störungsmodells und sind Voraussetzung dafür, dass in einem nächsten Schritt Überlegungen zu Veränderungen, die das Auftreten des Problemverhaltens verhindern, gemacht werden können.

Ziel dieser und der nächsten Gruppenstunde ist es, dass der Therapeut das SORK-Schema einführt und die Patienten anleitet, individuelle auslösende und aufrechterhaltende Bedingungen für ungünstiges Essverhalten anhand einer oder mehrerer exemplarischer Situationen zu analysieren. Am günstigsten ist es, ein bis zwei Verhaltensanalysen von Patienten gemeinsam mit der Gruppe im SORK-Schema (AB 21 »Verhaltensanalyse«) zu erarbeiten.

Das folgende Fallbeispiel soll dem Therapeuten verdeutlichen, wie eine situative Verhaltensanalyse bei einer Patientin, die vor zwei Tagen abends in unkontrolliertes Essverhalten geraten ist, durchgeführt werden kann. Tab. 9.4 zeigt das Ergebnis dieser Analyse nach dem SORK- Schema.

Fallbeispiel:

Frau M., eine 30-jährige Arzthelferin, ist ledig und wohnt alleine in einer 1-Zimmer Wohnung. Ihr Übergewicht hat im Alter von zwölf Jahren begonnen, mit 17 Jahren habe sie bereits 97 kg gewogen. Beide Eltern sowie ihr jüngerer Bruder seien übergewichtig gewesen. Vor vier Jahren ist es im Rahmen der Trennung von ihrem ersten Freund zu einer weiteren Gewichtszunahme auf 104 kg gekommen. Es hat seither immer wieder kurze Phasen gegeben, in denen sie mit Hilfe von Diäten auf ca. 90 kg abgenommen habe. Dennoch habe dieser Effekt nie lange angehalten, es sei dann immer wieder zu einer vermehrten Gewichtszunahme gekommen. Aktuell wiegt Frau M. 116 kg bei einer Körpergröße von 173 cm (BMI=38,7 kg/m²). Sie berichtet von einem eher unstrukturierten Essverhalten, sie esse zu den Hauptmahlzeiten manchmal auch über eine Normalportion hinaus und vor allem zwischendurch Süßigkeiten. Am Arbeitsplatz in einer Hausarztpraxis gibt es mit einer Kollegin immer wieder Konflikte. Sie ärgert sich häufig über die Kollegin, traut sich aber nicht, ihr das zu sagen.

Die letzte Situation, in der es zu einem unstrukturierten und übermäßigen Essen gekommen ist, hat sich vor zwei Tagen am Abend ereignet. Frau M. ist gegen 20.00 Uhr von der Arbeit nach Hause gekommen. Sie hatte einen ziemlich anstrengenden und stressigen Arbeitstag mit wenig Pausen, und zum Essen gab es mittags nur eine Banane. Für eine längere Mittagspause mit einer warmen Mahlzeit war zu wenig Zeit gewesen. Nachmittags geriet sie mit ihrer Kollegin in Streit, die ihr die Blutabnahmen für die Patienten aufgetragen hat, obwohl die Kollegin selbst eigentlich an der Reihe gewesen wäre. Frau M. schaffte es nicht, den Auftrag abzulehnen und führte die Blutabnahmen durch. Außerdem blieb sie länger bei der Arbeit, da sie mit ihren eigenen Aufgaben dadurch nicht rechtzeitig fertig geworden ist. Frau M. hat sich sehr darüber geärgert, zumal diese Kollegin wiederholt sehr dominant ihr gegenüber auftritt, und sie selbst dem wenig entgegenzusetzen hat. Sie fühlte sich deswegen auf dem Weg nach Hause minderwertig und als Versagerin. Zuhause angekommen, hatte Frau M. wenige Vorstellungen, wie sie den Abend gestalten möchte. Sie ging in die Küche und fing an, Lasagne zu kochen, da sie tagsüber wenig gegessen hatte. Eine Portion Lasagne war für ihr Mittagessen am nächsten Tag gedacht gewesen. Dann aber aß sie beim Fernsehen die beiden Portionen auf. Etwas später aß sie noch eine halbe Tafel Schokolade und eine Handvoll Gummibärchen. Für einen kurzen Moment konnte Frau M. alles um sich herum vergessen und sich entspannt fühlen. Das Gefühl von Ärger und Versagen war verschwunden. Aber schon nach kurzer Zeit kam es zu einem schlechten Gewissen und zu Schamgefühlen über das übermäßige und unkontrollierte Essen. Außerdem entstand die Befürchtung, am nächsten Tag mindestens 1 Kilo mehr zu wiegen. Sie hat sich in Bett gelegt und darüber gegrübelt, warum sie nicht die Fertigkeit besitzt, sich gegen ihre Kollegin zur Wehr zu setzen und beim Essen Maß zu halten.

Teil C: Therapie

Tab. 9.4: Situationsbezogene Verhaltensanalyse einer adipösen Patientin

STIMULUS = Auslösende Situation	ORGANISMUS = Körperliche Verfassung/ überdauernde persönliche Regeln und Pläne	REAKTION = Problemverhalten	KONSEQUENZEN
Abends alleine zuhause, Kochen einer doppelten Portion, anstrengenden Arbeitstag gehabt, Streit mit einer Kollegin geht mir noch nach, Essen beim Fernsehen	**Körperliche Zustände:** Erhöhtes Hungergefühl, da ich tagsüber bei der Arbeit wenig gegessen habe. **Persönliche Einstellung:** Geringe Selbstachtung: »Ich bin nicht wichtig für andere Menschen«, »Meine Meinung zählt sowieso nie«, »Ich kann mich nie durchsetzen«.	**Gedanken:** »Warum habe ich mich gegen meine Kollegin nicht gewehrt?« »Mit mir kann man ja alles machen.« »Ich weiß gar nicht, was ich mit dem Abend alleine anfangen soll.« **Gefühle:** Wut, Ärger, Einsamkeit, Hilflosigkeit. **Körperreaktion:** flaues Gefühl im Magen, Hitzewallungen. **Verhalten:** Zweite Portion gegessen, im Vorratsschrank nach weiteren Lebensmitteln gesucht und gegessen, Rückzug ins Bett, Grübeln	*Kurzfristig positiv:* • Reduktion des Ärgergefühls und der Hilflosigkeit • allg. Spannungsreduktion • Ablenkung von Einsamkeit und Langeweile *Kurzfristig negativ:* • Scham- und Schuldgefühle • Müdigkeit, Erschöpfung *Langfristig negativ:* • Fehlende konstruktive Konfliktbewältigung • Depression • Einsamkeit • Gewichtsanstieg

Hausaufgabe: Die Patienten erhalten Arbeitsblatt 21 (AB »Verhaltensanalyse«) mit der Aufgabe, bis zur nächsten Stunden eine eigene Verhaltensanalyse in Bezug auf ungünstiges Essverhalten aufzuschreiben.

9.6 Erarbeitung von Bewältigungsstrategien für ungünstiges Essverhalten (Sitzung 7 und Sitzung 8)

Überblick:

• Besprechung der Hausaufgabe: Verhaltensanalyse nach dem SORK-Schema

- Techniken zur Vermeidung und zur Unterbrechung von ungünstigem Essverhalten

Materialien:

- Arbeitsblatt 21: Verhaltensanalyse: SORK-Schema
- Arbeitsblatt 22: Erlernen von Bewältigungsstrategien für ungünstiges Essverhalten
- Arbeitsblatt 23: Meine Strategien zur Verhinderung von ungünstigem Essverhalten

Besprechung der Hausaufgabe: Verhaltensanalyse nach dem SORK-Schema

Zu Beginn der 7. Sitzung wird mit Hilfe von Arbeitsblatt 21 (AB »Verhaltensanalyse: SORK-Schema«) die Hausaufgabe von letzter Stunde besprochen. Jedem Patienten sollte es gelungen sein, eine für ihn typische Situation im SORK-Schema zu analysieren und diese in der Gruppe vorzustellen. Der Therapeut und die einzelnen Gruppenmitglieder unterstützen bei Schwierigkeiten und Unklarheiten. Falls notwendig, wird ein Teil der Gruppensitzung dafür verwendet, um weitere einzelne Situationsanalysen gemeinsam in der Gruppe zu erarbeiten.

9.6.1 Techniken zur Vermeidung und zur Unterbrechung von ungünstigem Essverhalten

Aus dem individuellen Störungsmodell bzw. der situativen Verhaltensanalyse können in einem nächsten Schritt konkrete Veränderungsschritte abgeleitet werden, die das Auftreten des Problemverhaltens weniger wahrscheinlich machen. In der Falldarstellung der vorigen Sitzung könnte die Patientin beispielsweise schlussfolgern, dass das unkontrollierte Essverhalten nicht stattfinden würde, wenn sie tagsüber ausreichend essen und den Abend nicht alleine (mit ihrem Ärger) zuhause verbringen würde. Ebenso hätte hilfreich sein können, wenn weniger Nahrungsmittel in der Küche vorrätig gewesen wären, oder sie die Mahlzeit nicht vor dem Fernseher, der von bewusstem und kontrolliertem Essverhalten ablenkt, eingenommen hätte. Verbesserte soziale Fertigkeiten wie angemessen Ärger und Kritik äußern oder Nein-Sagen würden eine Emotionsregulation über Essen vermutlich weniger wahrscheinlich machen.

Die Entwicklung von individuellen funktionalen Bewältigungsstrategien bei den Teilnehmern sollte gezielt mit Fragen unterstützt werden wie:

- Welche Bedingung(en) hat bei mir dazu beigetragen, dass ich ungünstig gegessen habe?
- Hätte ich die Bedingung(en) ändern können und wollen?

- Wie hätte ich die Bedingung(en) verändern können?
- Welche Kompetenzen und Fertigkeiten müsste ich gegebenenfalls erlernen?

Eine Vielzahl von funktionalen Bewältigungsmöglichkeiten setzen an der Beseitigung bzw. Verhinderung des Eintretens von ungünstigen Essverhalten an. Sie haben die Funktion, das Auftreten von Risikosituationen für ungünstiges Essverhalten zu vermeiden und eine erhöhte Kontrolle über die eigenen Essgewohnheiten zu ermöglichen. Im Folgenden werden einige Strategien aufgeführt, die vielen Patienten helfen, die Etablierung von ungünstigen Essensmustern zu verhindern. Letztendlich ist jedoch wichtig, dass jeder Patient seine persönlichen Bewältigungsstrategien herausfindet.

Techniken zur Vermeidung von ungünstigem Essverhalten:

Mahlzeitenplan einhalten: Eine geregelte und im Voraus geplante Essensstruktur (drei Hauptmahlzeiten) in Kombination mit ausreichenden Nahrungsmengen reduziert das Auftreten von Hunger- bzw. Heißhungergefühlen. Zwischen den Mahlzeiten sollten mindestens vier bis fünf Stunden liegen.

Mit genügend Zeit und an einem gedeckten Tisch essen: Unter Zeitdruck und Stress zu essen führt dazu, dass die Aufmerksamkeit nicht auf die Nahrungsaufnahme gerichtet ist, sondern unbewusst und unkontrolliert gegessen wird. Deshalb ist es wichtig, für eine Hauptmahlzeit ca. 30 Minuten an Essenszeit einzuplanen und diese an einem geeigneten und atmosphärisch angenehmen Ort einzunehmen.

Bewusst und langsam essen: Zu essen, während man anderen Aktivitäten nachgeht wie beispielsweise Fernsehen oder Lesen, führt in der Regel dazu, dass die Aufmerksamkeit nicht bei der Mahlzeiteneinnahme liegt und man kein Gefühl mehr darüber hat, was und wie viel man schon gegessen hat. Deshalb sollte man während des Essens nichts anderes tun, sondern sich auf die Nahrungsaufnahme, auf Geschmack und Genuss konzentrieren. Langsames Essen mit kleineren zwischenzeitlichen Pausen z. B. durch kurzes Hinlegen von Besteck, fördert ebenfalls die Wahrnehmung von Genuss.

Mit Einkaufsliste und Sattheitsgefühl einkaufen gehen: Ein Einkaufsplan, auf dem die Lebensmittel notiert sind, die für die Zubereitung von Mahlzeiten in den nächsten Tagen benötigt werden, verhindert, dass unnötige oder überflüssige Nahrungsmittel eingekauft werden. Es empfiehlt sich außerdem, während des Einkaufs ausreichend gesättigt zu sein. Hungergefühle während des Einkaufs verführen zum Kauf von größeren Nahrungsmengen.

Wenig Essensvorrat im Hause haben: Nahrungsmittel, die üblicherweise zu vermehrtem Essen führen, sollten nur in kleinen Mengen vorrätig sein und möglichst in einem Schrank oder Vorratsraum aufbewahrt werden. Fallen Lebensmittel, die man gerne isst, unmittelbar ins Blickfeld, ist die Versuchung sie zu essen größer.

Ablenkungsstrategien für kritische Zeitpunkte: Wenn es bestimmte Zeitpunkte am Tag gibt, an denen es immer wieder zu vermehrtem Essen kommt, sollten Ablenkungsstrategien eingesetzt werden wie beispielsweise telefonieren, Zeitung lesen, einen Spaziergang machen, einem Hobby nachgehen etc.

Diese Strategien können grundsätzlich verhindern, dass ungünstige Bedingungen für dysfunktionales Essverhalten gar nicht erst eintreten. Darüber hinaus ist es möglich, in kritischen Situationen, in denen ungünstiges Essen schon eingetreten ist, Techniken einzusetzen, die das vermehrte Essen hinauszögern bzw. unterbrechen können. Das heißt, Patienten lernen in solchen Situationen, sich so zu verhalten, dass das schon begonnene ungünstige Essenmuster vorzeitig beendet wird.

Techniken zur Unterbrechung von ungünstigem Essverhalten:

Den Ort verlassen und sich mit einer Tätigkeit ablenken: Durch einen Umgebungswechsel sowie durch Ablenkungsstrategien wird die Aufmerksamkeit vom Verlangen nach Essen weggelenkt. Patienten können die Erfahrung machen, dass der Drang, weiter zu essen, nach einer Zeit abnimmt.

Langsam essen, bewusst kauen und Menge einschränken: auch wenn eine sinnvolle Essenmenge schon überschritten wurde, besteht die Möglichkeit aufzuhören und wieder Selbstkontrolle über das Essverhalten zu gewinnen. Bei vielen Patienten setzt ein »Alles oder Nichts-Denken« ein sobald das ungünstige Essverhalten begonnen hat (z. B. »Jetzt ist sowieso alles egal und ich kann auch die ganze Tafel Schokolade essen«). Im Sinne von Wiedererlangen der Selbstkontrolle ist es jedoch wichtig, die Menge deutlich einzuschränken, auch wenn schon zuviel gegessen wurde, so beispielsweise nach der halben statt erst nach der ganzen Tafel Schokolade aufzuhören. Bewusstes und langsames Essen kann zusätzlich dazu beitragen, dass die Menge begrenzt bleibt.

Kalorienarmen und gesunden Snack essen: Sollte das Verlangen nach Nahrung so übermächtig sein, dass der Patient das Gefühl hat, nachgeben zu müssen, kann ein kleiner kalorienarmer Snack wie beispielsweise Apfel, Gurke oder Karotte als Ausnahmefall eingenommen werden, um dadurch das Hungergefühl zu reduzieren.

Die Patienten erhalten zur Bearbeitung in Kleingruppen das Arbeitsblatt 22 (AB »Erlernen von Bewältigungsstrategien für ungünstiges Essverhalten«) und Arbeitsblatt 23 (AB »Meine Strategien zur Verhinderung von ungünstigem Essverhalten«). Nach diesen beiden Sitzungen sollte jeder Teilnehmer für sich verschiedene mögliche Bewältigungsstrategien zur Verhinderung bzw. Reduzierung von ungünstigem Essverhalten erarbeitet haben. Im Sinne eines Verhaltensexperiments regt der Gruppenleiter an, diese Strategien auszuprobieren, um herauszufinden, welche umsetzbar und hilfreich sind. Die Teilnehmer werden außerdem gebeten, für die nächste Gruppensitzung ihre Ernährungsprotokolle mit Aufzeichnung ihrer körperlichen Bewegung mitzubringen.

9.7 Ernährung- und Bewegungsmanagement (Sitzung 9)

Überblick:

- Besprechung der Hausaufgabe
- Ausnahmesituationen beim Essen
- Fragen zum Ernährungsverhalten
- Reflexion der körperlichen Aktivität im Alltag

Materialien:

- Arbeitsblatt 23: Meine Strategien zur Verhinderung von ungünstigem Essverhalten
- Arbeitsblatt 24: Wie verhalte ich mich in Ausnahmesituationen beim Essen?
- Arbeitsblatt 5: Ernährungsprotokoll

Besprechung der Hausaufgabe

Die Patienten berichten, welche Strategien zur Verhinderung bzw. Unterbrechung von ungünstigem Essverhalten sie in der Zwischenzeit erarbeitet sowie ausprobiert haben und wie hilfreich sie diese empfunden haben. Schwierigkeiten bei der Umsetzung sollen thematisiert und Hilfestellungen aus der Gruppe zusammengetragen werden.

9.7.1 Ausnahmesituationen beim Essen

Der Alltag bringt viele unterschiedliche Situationen beim Essen mit sich, die vom täglich Gewohnten abweichen und für Menschen, die eine Ernährungsumstellung vornehmen, eine große Herausforderung bedeuten. Restaurantbesuche, Feste und Feiern mit Büffets, Essenseinladungen von Freunden und Bekannten gehören beispielsweise zu solchen Anlässen. Dadurch entstehen bei Patienten oft Unsicherheiten, wie sie in solchen Situationen ihr Essverhalten gestalten und umsetzen sollen.

Als Unterstützung und Anregung kann hier das Arbeitsblatt 24 (AB »Wie verhalte ich mich in Ausnahmesituationen beim Essen«) ausgeteilt werden.

Hier sind hilfreiche Strategien und Möglichkeiten aufgeführt, wie mit welchen Situationen umgegangen werden kann. Die Strategien können von den Teilnehmern weiter mit eigenen bewährten Ideen vervollständigt werden.

9 Standardbehandlung der Adipositas bei einem BMI zwischen 30 und 40 kg/m²

Arbeitsblatt 24

Wie verhalte ich mich in Ausnahmesituationen beim Essen?

- Feste / Einladungen
  - Menge selbst bestimmen.
  - Nichts aufdrängen lassen!
  - Je nach Situation oder Bedürfnis auch auf etwas bewusst verzichten.
  - Als Vorspeise bevorzugt Salat nehmen.
  - Suppen sind flüssig und sättigen daher schlecht. Zusätzlich sind sie oft kalorienreich. Es lohnt sich durchaus, auch mal auf eine Suppe zu verzichten.
  - Aufpassen bei Soßen, diese sind meist sehr energiereich: wenn möglich, selbst Soße an das Essen geben.
  - Aufpassen, wenn vorgelegt wird: hier eventuell gleich nur ½ Portion verlangen.
- Urlaub
  - Bei der Essenszusammenstellung eigene Auswahl treffen und versuchen, das Gelernte mit einzubauen. Günstig ist hier immer Büfettessen.
  - Am Büfett den Teller einmal in der richtigen Zusammensetzung füllen, ggf. einen extra Teller für Salat oder Gemüse dazu nehmen.
  - Die Anzahl der Mahlzeiten sollten nicht mehr sein als zu Hause (d.h. 3 Hauptmahlzeiten) und sollten dem veränderten Tagesrhythmus angepasst werden.
  - Beachten, dass oft lange Abende eine weitere Spätmahlzeit erfordern.
  - Getränke, die kalorienhaltig sind (Alkohol, Süßgetränke, Eis- oder Fruchtshake) gelten als Mahlzeiten.
  - Nicht überschätzen, wie hoch der Energieverbrauch bei körperlicher Bewegung ist.

9.7.2 Fragen zum Ernährungsverhalten

Die Teilnehmer können mit Hilfe ihrer Ernährungsprotokolle (AB 5) überprüfen, ob und wo es noch Schwierigkeiten in der Umsetzung eines gesunden Essverhaltens gibt. Offene Fragen können beantwortet und fehlende Informationen ergänzt oder gegebenenfalls wiederholt werden. In den folgenden Sitzungen wird das Essverhalten inhaltlich nicht mehr im Vordergrund stehen. Deshalb sollten die Teilnehmer soweit an Sicherheit gewonnen haben, dass sie eine eigenständige Einschätzung ihres Tagesbedarfs vornehmen können. Eine Reduzierung der Protokollierung der Nahrungsaufnahme kann schrittweise erfolgen, sofern sowohl der Gewichtsverlauf als auch die Ernährungsstruktur eingehalten werden kann.

9.7.3 Reflexion der körperlichen Aktivität

Mit den Patienten wird in Bezug auf ihre Bewegungsaufzeichnungen im Ernährungsprotokoll (AB 5 »Ernährungsprotokoll mit Anleitung«) besprochen, inwiefern es ihnen gelungen ist, regelmäßige Bewegung und körperliche Aktivität in ihren Alltag einzubauen. Motivationsprobleme und andere Hindernisse in der Umsetzung sollten thematisiert werden. Es ist wichtig, dass die aktuelle körperliche Leistungsfähigkeit bei der Bewegungsplanung und -steigerung berücksichtigt wird, damit es nicht zu einer körperlichen Überforderung und zu einem Frustrationserleben kommt. Ideal wäre, wenn die Patienten sich einem regelmäßigen, von Fachleuten durchgeführten Bewegungstraining anschließen und dort eine langsame, auf ihren Trainingszustand abgestimmte Leistungssteigerung trainieren könnten. Wenn das nicht realisierbar ist, kann mit der Gruppe erarbeitet werden, welche individuellen Möglichkeiten die Teilnehmer sehen, mehr Bewegung in ihren Alltag zu bringen und wie der Zugang zu sportlichen Aktivitäten erleichtert werden kann. Hilfreich ist, mit einfachen, eher leichten Übungen wie kurze Strecken im Alltag zu Fuß zurücklegen oder Treppensteigen anzufangen.

Jede körperliche Aktivität, die eine Atembeschleunigung mit sich bringt und mindestens 10 Minuten ausgeführt wird, fördert die Gesundheit (Kaluza 2004) und ist deshalb als Erfolg zu werten. Regelmäßigkeit ist dabei allerdings ein zentraler Faktor, an fünf Tagen die Woche sollte das realisierbare Bewegungspensum durchgeführt werden.

Es empfiehlt sich, erst die Dauer der körperlichen Aktivität langsam zu steigern, z.B. nach 10 Minuten schwimmen auf 15 Minuten schwimmen erhöhen, und in einem zweiten Schritt die Intensität zu steigern (z.B. schneller zu schwimmen in der gleichen Zeit). Die Patienten sollten sich angemessene und realistische Ziele bei der Leistungserhöhung setzen und überprüfen können, ob sie erreicht wurden. Die Fähigkeit, sich für kleine Fortschritte und Erfolge belohnen und anerkennen zu können, fördert die Motivation, die Anstrengungen beizubehalten. Verabredungen zu einem festen Zeitpunkt mit Familienmitgliedern, Freunden oder Bekannten bzw. eine Anmeldung im Sportverein oder im Fitnessclub bieten Unterstützung, um Regelmäßigkeit und Verbindlichkeit in der Durchführung zu fördern.

Teilnehmer, die bisher noch keine Aktivitätssteigerung geplant bzw. umgesetzt haben, sollten motiviert werden, sich einen Trainingsplan, den sie für realisierbar halten, zu machen.

Falls indiziert kann der Gruppenleiter eine Kleingruppenarbeit vornehmen, in der jeder Teilnehmer seinen Bewegungsplan für die nächsten acht Wochen erstellt.

9.8 Körperbild und Körperwahrnehmung (Sitzung 10)

> **Überblick:**
>
> - Einführung: Körperbild und Körperwahrnehmung
> - Abbau von Vermeidungsverhalten körperbezogener Aktivitäten
>
> **Materialien:**
>
> - Arbeitsblatt 25: Mein Körperbild
> - Arbeitsblatt 26: Meine Veränderungsziele im Umgang mit meinem Körper

9.8.1 Einführung: Körperbild und Körperwahrnehmung

Zur Einführung in das Thema Körperbild und Körperwahrnehmung regt der Therapeut die Teilnehmer an, sich über ihre Einstellung zum eigenen Körper auszutauschen. Hilfreiche Fragen und Diskussionspunkte hierfür könnten sein:

- Wie zufrieden bin ich mit meinem Körper?
- Welche positiven und negativen Eigenschaften des Körpers nehme ich wahr?
- Wie wird mein Körperbild durch das vorherrschende Schönheitsideal beeinflusst?
- Wie reagieren andere auf meinen Körper?
- Wie wurde in meiner Familie mit dem Körper umgegangen?
- Wie gehe ich selbst mit meinen Körper um?
- Welche Erfahrungen haben mein (negatives) Körperbild beeinflusst?

In einem ersten Schritt sollten die Teilnehmer ein Verständnis für die individuelle Entwicklung ihres Körperbildes bekommen. Die meisten adipösen Patienten haben ein eher negatives Verhältnis zu ihrem Körper und schlechte Erfahrung mit den Reaktionen bis hin zu Hänseleien von anderen in Bezug auf ihren Körper gemacht. Stereotypische gesellschaftliche Einstellungen wie beispielsweise »Dicke Menschen sind undiszipliniert und träge« tragen zur weiteren Diskriminierung bei. Das führt dazu, dass der eigene Körper oft abgelehnt und als Zeichen von Unattraktivität gewertet wird. Nach Rosen (2002) steht die Unzufriedenheit mit der eigenen Figur am Ende eines Gewichtsreduktionsprogramms mit einer erneuten Gewichtszunahme in Zusammenhang. Aus diesem Grund ist die Entwicklung einer verbesserten Körperakzeptanz und -zufriedenheit ein wichtiger und nicht zu vernachlässigender Bestandteil des Gruppentherapieprogramms. Ein negatives Körperbild setzt sich zusammen aus einer negativen Körperwahrnehmung, aus negativen Gedanken und Einstellungen zum Körper sowie aus dysfunktionalen körperbezogenen Verhaltensweisen (vorwiegend Vermeidungsverhalten). Ziel ist es zunächst, eigene Gedanken in Bezug auf den Körper (z. B. »Mit meinem Gewicht muss ich mich vor anderen schämen«) sowie die Vermeidung von körperbezogenen Aktivitäten aufzudecken wie beispielsweise Schwimmen gehen, figurbetonte Kleidung tragen, sich regelmäßig wiegen oder Körperkontakt zulassen. Hierzu können die Teilnehmer sich in Kleingruppen mit dem Arbeitsblatt 25 (AB »Mein Körperbild«) auseinandersetzen und ihre Erfahrungen austauschen. Die Ergebnisse können nachfolgend in der gesamten Teilnehmergruppe diskutiert werden. Das folgende Fallbeispiel und der nachfolgende Kasten verdeutlichen diesen Arbeitsschritt.

Fallbeispiel:

Frau G. – eine 35-jährige Einzelhandelskauffrau – leidet seit ihrem 10. Lebensjahr unter Adipositas (damaliger BMI 32,1 kg/m^2). Sowohl ihre Mutter und Großmutter mütterlicherseits als auch ihre zwei Jahre ältere Schwester sind übergewichtig. In der Schule sind sie und ihre Schwester oft von den Mitschülern gehänselt und ausgegrenzt worden (»Da kommt wieder die fette Claudia«). Am schlimmsten hat Frau G. den Sportunterricht in Erinnerung, sie habe sich furchtbar geschämt, weil sie immer die Langsamste gewesen sei und manche Übungen erst gar nicht habe ausführen können. Bei Mannschaftsspielen ist sie immer als letzte von den Mitschülern ausgewählt worden. Sie hat sehr darunter gelitten, dass sie nie schöne Kleidung in ihrer Größe gefunden habe. Ihre Mutter hat darauf gedrungen, dunkle Farben und sehr weite Kleidung zu tragen, damit andere ihre Figur nicht sehen und einschätzen können. Sie hat ihren beiden Kindern geraten, den dicken Körper möglichst zu verstecken, am besten zu ignorieren. Die Mutter selbst hat sich wegen ihres Übergewichts sozial sehr zurückgezogen und depressive Episoden gehabt. Ihr Vater, der normalgewichtig ist, kritisierte seine Töchter und seine Frau häufig wegen ihres Aussehens, ließ in Anwesenheit von Frau G. wiederholt die Bemerkung fallen, dass er sich schlanke und attraktive Töchter wünsche. In ihrer Ausbildungszeit erinnert Frau G. viele abwertende Kommentare von ihrer Chefin (»Sie müssten sich mal mehr zusammenreißen und abnehmen, für Kunden sind Sie nicht gerade ein angenehmer Anblick«). In den letzten Jahren hat das Gewicht von Frau G. zwischen 95 und 100 kg gelegen. Es hat zwischenzeitlich immer wieder Phasen gegeben, in denen sie mit Hilfe von Diäten bis zu 30 kg abgenommen habe. In diesen Zeiten fühlte sie sich attraktiver, hat viel Komplimente wegen ihrer Figur und ihrer erzielten Gewichtsabnahme von anderen bekommen. Dennoch hielt die Gewichtsabnahme nie lange an, es kam immer wieder zu einem Jojo-Effekt. In den letzten acht Monaten ist es auf dem Hintergrund von Arbeitsplatzproblemen zu einem weiteren Gewichtsanstieg gekommen. Derzeit wiegt Frau G. 119 kg bei einer Körpergröße von 175 cm (BMI=38,1 kg/m^2), am liebsten möchte sie ihr Gewicht gar nicht mehr genau wissen. Sie schämt sich sehr wegen ihrer Figur, vermeidet sich im Spiegel anzuschauen. Sie ist immer wieder erstaunt, dass ihr Mann sich an ihrer Figur nicht störe und sie attraktiv fände, so wie sie sei. Nach Geburt ihrer Tochter vor zwei Jahren besuchte sie mit ihr einen Kurs für Babyschwimmen. Nachdem sie zufällig in der Umkleidekabine eine abfällige Bemerkung einer anderen Mutter über ihre Figur mitbekommen hatte, besucht sie kein Schwimmbad mehr.

9 Standardbehandlung der Adipositas bei einem BMI zwischen 30 und 40 kg/m²

Körperbild Frau G. aus dem Fallbeispiel

Welche Erfahrungen in meinen Leben haben mein Körperbild beeinflusst?
In der Schule bin ich oft gehänselt worden.
Sportliche Aktivität war mein Leben lang wahnsinnig anstrengend, mein Körper hat sich angefühlt wie ein Klotz.
Mein Vater lehnt bis heute meine Figur ab.
Meine Mutter hat sich selbst immer geschämt für ihren übergewichtigen Körper und ihren Körper abgelehnt.
Kränkende Bemerkungen von anderen verstärken bis heute meine negative Einstellung zu meinen Körper.
Mein Mann gibt mir das Gefühl, attraktiv zu sein, obwohl mir schwer fällt, zu glauben, dass er meinen Körper nicht abstoßend findet.
Wie nehme ich meinen Körper heute wahr?/Welche Gefühle habe ich meinem Körper gegenüber?
Meistens fühle ich mit fett und unförmig. Ich versuche alles auszublenden, was sich unterhalb meines Kopfes befindet. Ekel und Scham sind vorherrschende Gefühle. Ich fühle mich oft verspannt und verkrampft.
Was sind typische Gedanken/Einstellungen zu meinem Körper?
So kann ich mich anderen Leuten eigentlich nicht zeigen.
Andere halten mich für maßlos und undiszipliniert, weil ich so dick bin.
Mit diesem Gewicht bin ich unattraktiv.
Was vermeide ich in meinem Alltag aufgrund meines Körpergewichts?
Elternabende im Kindergarten
Schwimmen gehen
Auf die Waage stehen
Weihnachtsfeier oder andere ähnliche Anlässe in der Firma meines Mannes
Kleider in Geschäften einkaufen (nur über Internet)
Mich länger (und vor allem nackt) vor den Spiegel zu stellen

Wenn jeder Teilnehmer für sich die individuellen Entstehungsbedingungen seines Körperbildes sowie sein derzeitiges Körpergefühl und die damit in Verbindung stehenden Einstellungen herausgearbeitet hat, sollen daraus Strategien zum Aufbau von positiven Erfahrungen mit dem Körper abgeleitet werden (AB 26: »Meine Veränderungsziele im Umgang mit meinem Körper«). Ziel ist, die Teilnehmer anzuleiten, wieder positive Aspekte ihres Körpers zu entdecken und positive Erfahrungen mit körperbezogenen Aktivitäten zu machen. Es geht darum, eine differenzierte Betrachtungsweise und eine höhere Akzeptanz für das persönliche Körperbild zu erlangen, selbst wenn viele Betroffene sich immer noch ein niedrigeres Gewicht bzw. eine schlankere Figur wünschen. Eine wohlwollende und weniger abschätzige bzw. abwertende Haltung dem Körper gegenüber gilt als Erfolgsziel. Hilfreiche Intervention hierzu sind zum einen Verhaltensübungen zum Abbau von Vermeidungsverhalten körperbezogener Aktivitäten, die Durchführung von Entspannungs- und Achtsamkeitsübungen und zum anderen die Veränderung dysfunktionaler körper- und gewichtsbezogener Einstellungen.

9.8.2 Abbau von Vermeidungsverhalten körperbezogener Aktivitäten

Im vorausgegangenen Fallbeispiel zeigt sich, dass Frau G. derzeit aus Schamgefühlen bestimmte soziale Aktivitäten wie Elternabende oder berufliche Anlässe ihres Mannes vermeidet. Ebenso wiegt sie sich nicht regelmäßig und betrachtet ihre Figur im Spiegel nicht mehr. Ihre Kleider bestellt sie sich nur noch über Internet oder Kataloge. Wurde dies von Frau G. als Vermeidungsverhalten identifiziert, geht es um gemeinsame Überlegungen, wie und wann welche Veränderungsschritte herbeigeführt werden. In diesem Beispiel könnte das bedeuten, dass Frau G. sich entscheidet, einen regelmäßigen Zeitpunkt zur Gewichtskontrolle und -konfrontation einzurichten. Zusätzlich nimmt sie sich vor, zum nächsten Elternabend im Kindergarten ihrer Tochter zu gehen. Weitere mittelfristige Ziele für sie können darin bestehen, Erfahrungen damit zu machen, Kleider in Geschäften einzukaufen, in öffentliche Schwimmbäder zu gehen und ihren Mann zu sozialen Anlässen in der Firma zu begleiten. Darüber hinaus könnte das Erlernen von Genuss-, Entspannungs- oder Achtsamkeitsübungen zu einer Reduktion ihrer körperlichen Angespanntheit führen.

Jeder Patient sollte für die nächste Zeit passende und realistische Veränderungsschritte auf dem Arbeitsblatt 26 (AB »Meine Veränderungsziele im Umgang mit dem Körper«) planen. Der Therapeut achtet dabei darauf, dass die Ziele möglichst konkret und erreichbar sind, sodass eine erfolgreiche Umsetzung wahrscheinlich ist. Bis zur übernächsten Gruppensitzung (Sitzung 12) bekommen die Teilnehmer die Aufgabe, erste Erfahrungen im Ausprobieren neuer positiver Körperaktivitäten zu machen, die dann gemeinsam besprochen bzw. reflektiert werden. Darüber hinaus erfolgt der Hinweis, dass für die nächste Sitzung die Gewichtskurve und ausgefüllte Ernährungsprotokolle (AB 5 und AB 6) sowie das Arbeitsblatt 17 (AB »Checkliste ungünstiger Essgewohnheiten und Erarbeitung von Veränderungszielen«) benötigt werden.

9.9 Zwischenbilanz zum bisherigen Verlauf (Sitzung 11)

Überblick:

- Bilanzierung der erreichten Schritte in Bezug auf das Ess- und Bewegungsverhalten und auf die Gewichtsreduktion

Materialien:

- Arbeitsblatt 5: Ernährungsprotokoll

- Arbeitsblatt 6: Gewichtskurve
- Arbeitsblatt 17: Checkliste ungünstiger Essgewohnheiten und Erarbeitung von Veränderungszielen
- Arbeitsblatt 27: Zwischenbilanz – Meine Einschätzung des bisherigen Therapieverlaufs

9.9.1 Bilanzierung der erreichten Schritte in Bezug auf das Ess- und Bewegungsverhalten und auf die Gewichtsreduktion

In dieser Sitzung nimmt der Therapeut mit den Teilnehmern eine Bilanzierung der bisher erreichten Fortschritte in Bezug auf das Ess- und Bewegungsverhalten sowie die Gewichtsreduktion vor. Die Erfolge und noch bestehenden Schwierigkeiten im bisherigen Therapieverlauf werden bei jedem einzelnen Patienten mit der Gruppe betrachtet. Jeder Teilnehmer stellt seinen individuellen Gewichtsverlauf sowie seine Veränderungen im Ernährungs- und Bewegungsverhalten vor. Er nimmt eine Einschätzung und Bewertung vor, welche der für ihn zu Therapiebeginn wichtigen Ziele er erreicht hat und welche nicht. Materialien aus früheren Sitzungen (AB 5, 6 und 17) können für diese Bilanzierung genutzt werden. Hindernisse und Ursachen für nicht erreichte Ziele sollten identifiziert und Lösungsmöglichkeiten dafür in der Gruppe erarbeitet werden. Dabei sollte auch immer überprüft werden, ob die vorgenommenen Ziele realistisch waren. Der Therapeut gibt darüber hinaus Raum für vorhandene Frustrationen, Enttäuschungen oder für Misserfolgserleben. Es ist davon auszugehen, dass manche Patienten unzufrieden mit ihrer bisherigen Gewichtsentwicklung und den Veränderungen im Ess- und Bewegungsverhalten sind und Motivationseinbrüche erleben. Es gilt, dies zum einen zu entpathologisieren und als zur Therapie dazugehörig zu werten, zum anderen bietet die Auseinandersetzung mit solchen Enttäuschungsgefühlen die Chance, wieder konstruktive Strategien im Umgang mit Motivationsproblemen zu erarbeiten und das eigene Durchhaltevermögen zu stärken. Möglicherweise geht es auch darum, eigene hohe Ansprüche kritisch zu hinterfragen oder dichotome Denkinhalte, die zu einer Unterschätzung der eigenen Erfolge führen, zu identifizieren. Das Ergebnis ihrer Zwischenbilanz sowie sich daraus ergebende neue Veränderungsziele, die konkret und realistisch formuliert werden sollten, können die Teilnehmer auf dem Arbeitsblatt 27 (AB »Zwischenbilanz«) festhalten. Das nachfolgende Fallbeispiel und der nachfolgende Kasten verdeutlichen eine mögliche Zwischenbilanzierung.

Fallbeispiel:

Herr P. – ein 35jähriger adipöser Patient (zu Therapiebeginn 127 kg bei einer Körpergröße von 180 cm, BMI=39,1 kg/m^2) – berichtet, dass er insgesamt zufrieden mit der Entwicklung seines Essverhaltens ist. Es gelinge ihm, eine ge-

regelte Mahlzeitenstruktur einzuhalten, anstatt tagsüber über unkontrolliert kleine Portionen zu sich zu nehmen. Er verspüre mittlerweile wieder ein Hunger- und Sattheitsgefühl und traue sich, ohne schlechtes Gewissen ab und zu eine Süßigkeit in den Speiseplan einzubauen. Allerdings habe er weiterhin noch Phasen, in denen er eindeutig zu viele süße Nahrungsmittel zu sich nehme. Es seien keine Essanfälle, aber doch ungeplante Mahlzeiten. Er vermeide es, diese »Rückfälle« in das Ernährungsprotokoll aufzunehmen und sich mit den Gründen auseinanderzusetzen. Vor der Therapie sei er den ganzen Tag über mit dem Thema Essen beschäftigt gewesen, jetzt nehme das keinen so großen Raum mehr ein. Bis vor drei Wochen sei es ihm gelungen, zwei bis drei Mal in der Woche eine halbe Stunde Walken zu gehen, seit das Wetter jedoch winterlicher geworden sei, könne er sich nicht mehr dazu aufraffen. Er bemühe sich im Alltag immer, die Treppen anstatt einen Aufzug zu benutzen. Atemnot sei beim Treppenlaufen immer noch vorhanden, aber weitaus weniger stark ausgeprägt als zu Therapiebeginn. Er sei zweimalig mit anderen Teilnehmern im Hallenbad zum Schwimmen gewesen und habe weniger Schamgefühl empfunden als früher. In der Gruppe fühle er sich sicherer. Auch Cafe-Besuche, bei denen er sich manchmal ein Stück Kuchen gönne, fallen ihm nicht mehr so schwer. Er fühle sich dabei von anderen Menschen, die sich im Cafe aufhalten, nicht mehr so sehr beobachtet wie früher. Enttäuschung verspüre er derzeit lediglich in Bezug auf seinen Gewichtsverlauf. In den ersten acht Wochen des Programms habe er insgesamt 4,6 kg abgenommen, seit 2 Wochen bleibe das Gewicht aber stehen, obwohl er seine Essensmengen nicht verändert habe. Er wolle es bis zum Programm-Ende schaffen, mindestens 12 kg von seinem Ausgangsgewicht abzunehmen, am liebsten noch mehr, obwohl er in der Therapie die Information erhalten habe, dass das eher nicht realistisch sei. Momentan bemerke er, dass er sehr auf eine weitere Gewichtsabnahme fixiert ist, sich täglich wiege und erste Zweifel bekomme, ob das Therapieprogramm ihm etwas bringe.

Fallbeispiel Herr P.: Zwischenbilanz

Folgende Therapieziele habe ich bisher teilweise oder vollständig erreicht:

- Einhaltung meines vorgeplanten Speiseplans in ca. 80 % der Fälle
- Erleben von Sattheitsgefühl nach den meisten Mahlzeiten
- Das Thema Essen bestimmt nicht mehr meinen ganzen Tag
- Etablierung regelmäßiger Walking-Termine
- Mehr Alltagsbewegung durch Treppenlaufen
- Essen in der Öffentlichkeit geht etwas besser
- Schwimmbadbesuch gemacht

Schwierigkeiten erlebe ich bei:

- Bewegung durchführen bei schlechtem Wetter
- Dem Wunsch zu widerstehen, Kalorien einzusparen, um schneller abzunehmen

- Gewichtsstillstand auf der Waage auszuhalten
- Den Wunsch aufzugeben, mindestens 20 kg abnehmen zu wollen
- Ins Schwimmbad zu gehen oder in der Öffentlichkeit zu essen, wenn keine anderen übergewichtigen Personen mich begleiten
- Mich mit Rückfällen (zu viele Süßigkeiten) konstruktiv auseinanderzusetzen

Folgende Ziele möchte ich bis zum Ende der Behandlung erreichen:

- Entgleisungen im Essverhalten im Ernährungsprotokoll festhalten und Ursachen analysieren
- 1x pro Woche Schwimmen gehen, zunächst zusammen mit einem Teilnehmer aus der Gruppe, dann auch alleine
- Gewichtsstillstand nicht überinterpretieren, mit Enttäuschung, dass mein Wunschgewicht unrealistisch ist, besser umgehen, mich bei Selbstabwertung deswegen stoppen
- Entspannungs-CD kaufen und abends vor dem Einschlafen anhören, um besser von den Geschehnissen des Tages abschalten zu können

Als Fazit seiner Bilanz in diesem Fallbeispiel ergibt sich für Herrn P., dass er über die Hälfte seiner zu Beginn der Behandlung erarbeiteten Therapieziele erreichen konnte. Ganz wichtig war ihm damals gewesen, dass er nicht mehr den ganzen Tag mit dem Thema Essen in Gedanken und Handlung beschäftigt ist. Es fällt ihm auf, dass er es mittlerweile als ganz selbstverständlich betrachtet, dass seine Aufmerksamkeit wieder mehr auf anderen Dingen im Alltag liegen kann. Mit seinem derzeitigen Bewegungsverhalten ist er zwar nicht ganz zufrieden, weil ihm eine konsequente bzw. regelmäßige Ausübung von Nordic-Walking nicht mehr gelingt, sobald die Rahmenbedingungen wie Wetter, Lichtverhältnisse, Temperatur sich verschlechtern. Dennoch spürt er im Alltag eine deutliche Verbesserung seiner körperlichen Fitness. Er achtet viel mehr als früher auf Alltagsbewegung wie Treppen zu laufen, kurze Wege zu Fuß und nicht immer mit dem Auto zurückzulegen und fühlt sich in seinem Körper nicht mehr so träge. Deutlich wird Herrn P. im Bilanzierungsprozess, dass er diese Fortschritte aktuell nur noch wenig wertschätzt, sondern als fast selbstverständlich ansieht, obwohl sie ihm immer noch Anstrengung abverlangen. Stattdessen konzentriert er sich auf seine Misserfolge und seine bisher noch nicht erreichten Ziele. Sein Fokus liegt derzeit fast ausschließlich auf seinem Gewichtsstillstand bzw. auf seiner Unzufriedenheit mit der bis jetzt erfolgten Gewichtsabnahme. Er gesteht sich ein, dass er sich einen weit größeren Gewichtsverlust wünscht als den, den er für sich nach den Informationen aus Sitzung 2 als realistisch errechnet hat. Wenn er sich bewusst macht, dass im Therapieprogramm bald die Phase mit Schwerpunkt Gewichtshalten erreicht ist, wird seine Enttäuschung nur noch größer. Den Austausch mit anderen Gruppenteilnehmern darüber erlebt Herr P. als entlastend. Er kann sowohl wahrnehmen, dass manche Teilnehmer ähnliche Erfahrungen in ihrem Therapieverlauf gemacht haben, aber auch, dass sein eigener hoher Anspruch und seine Fokussierung auf bisher Nichterreichtes zu einer ungünstigen Einschätzung seiner Fortschritte führen. Der Therapeut gibt ihm und der Gruppe an dieser Stelle Rückmeldung, dass ein zwischenzeitlicher Gewichtsstillstand oder sogar eine kurzfristige -erhöhung in einer Abnehmphase nichts Ungewöhnliches ist. Zwischenzeitliche Gewichtsschwankungen sind normal. Sofern es sich nicht um einen kontinuierlichen Rückgang der Compliance bezüglich Ernährungs- und Bewegungsverhalten handelt besteht kein Handlungsbedarf. Allerdings müsste Herr P. genauer prüfen, ob nicht doch seine Rückfälle in vermehrtes Süßigkeiten-Essen, die er bisher zu protokollieren vermieden hat, sowie die Reduktion seiner Bewegung den Gewichtsstillstand mit verursachen könnten. Dann wäre das vorrangige Ziel, sich in diesen Bereichen Veränderungsziele vorzunehmen.

Die Teilnehmer werden zum Schluss daran erinnert, für die nächste Sitzung das Arbeitsblatt 26 (AB »Meine Veränderungsziele im Umgang mit meinem Körper«) zur Hausaufgabenbesprechung mitzubringen.

Ab jetzt ist es sinnvoll, die nächsten Sitzungen etwas niederfrequenter (z.B. alle 14 Tage) durchzuführen, um die Eigenverantwortlichkeit und den eigenständigen Transfer in den Alltag zu forcieren.

9.10 Kognitive Intervention zum Körperbild (Sitzung 12 und Sitzung 13)

Überblick:

- Besprechung der Hausaufgabe: Abbau körperbezogener Aktivitäten
- Identifizierung und Veränderung irrationaler Gedanken bzgl. des eigenen Körperbildes
- Körperbezogene Achtsamkeitsübung

Materialien:

- Arbeitsblatt 28: Die Rolle der Gedanken in Bezug auf mein Körperbild
- Arbeitsblatt 29: Meine belastenden und hilfreichen Gedanken zum Körperbild
- Arbeitsblatt 30: Gedankenstop bei belastenden Gedanken zum Körperbild

Besprechung der Hausaufgabe

Sitzung 12 beginnt mit der Besprechung von Erfahrungen, die die Patienten mit der Durchführung ihrer körperbezogenen Aktivitäten gemacht haben. Es geht darum herauszuarbeiten, welche positiven Erlebnisse, aber auch welche Schwierigkeiten aufgetreten sind. Es ist zu erwarten, dass manche Teilnehmer weiterhin Vermeidungsverhalten gezeigt haben, sodass Hindernisse für eine Umsetzung und mögliche Strategien zur Überwindung dieser Hindernisse erarbeitet werden sollten.

9.10.1 Identifizierung und Veränderung irrationaler Gedanken bzgl. des eigenen Körperbildes

Nicht nur der Umgang mit körperbezogenen Aktivitäten, sondern auch die eigene Einstellung zu seinem Körper beeinflusst das Körpererleben und Körperbild. Das Ziel der Beschäftigung mit körperbezogenen Gedanken ist, dass den Patienten bewusst wird, dass die meisten ihrer Gedanken und Einstellungen in Bezug auf ihren Körper negativ, abwertend und wenig selbstwertförderlich sind. Nicht alle Überzeugungen sind per se grundsätzlich falsch, manchmal haben Patienten auch Erfahrungen und Beispiele, dass sie zutreffen können. Aber deutlich ist, dass diese Gedanken nicht hilfreich für einen positiven Umgang mit dem Körper sind. Deshalb ist es wichtig, dass die Teilnehmer lernen, diese wenig nützlichen Einstellungen zu erkennen, zu unterbrechen (sog. »Stop-Technik«) und ihnen hilfreichere Gedanken entgegenzusetzen.

Zum Einstieg können am Flip-Chart mit den Teilnehmern typische Gedanken zu ihrem Körper zu der Beispielsituation »Ich gehe ins Schwimmbad und fühle mich von anderen beobachtet« gesammelt werden (▶ Abb. 9.2). In einem nächsten Schritt wird gemeinsam überlegt, zu welchem Gefühl der jeweilige Gedanke

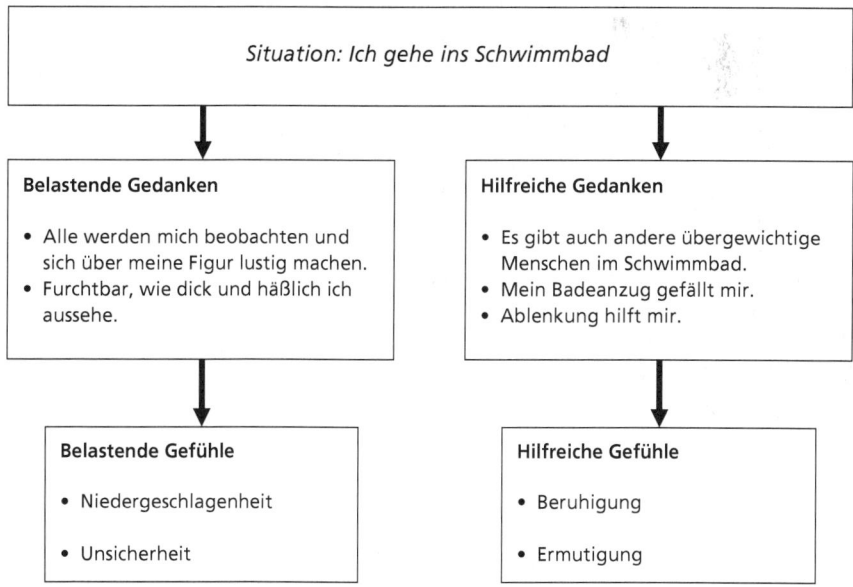

Abb. 9.2: Negative Gedanken verursachen negative Gefühle

führt. Ziel dabei ist, dass in der Gruppe deutlich wird, dass negative Gedanken zu einem eher negativen Gefühl und positive bzw. hilfreiche Gedanken (sofern welche genannt wurden, sonst muss man diese noch explizit sammeln) zu einem eher positiven Gefühl führen. Zur Ergänzung wird das Arbeitsblatt 28 (AB »Die Rolle der Gedanken in Bezug auf mein Körperbild«) ausgeteilt und durchgelesen.

Im Anschluss werden die Gruppenmitglieder aufgefordert, in Kleingruppen typische Situationen und (negative) Gedanken bzw. Einstellungen, die sie in Bezug auf ihren Körper kennen, zu sammeln und deren Wirkung auf die eigenen Gefühle und das eigene Verhalten herauszuarbeiten. Die Teilnehmer bekommen die Aufgabe zu überprüfen, wie sich ihre typischen körperbezogenen Gedanken auf ihr Wohlbefinden auswirken, wie hilfreich sie für eine gute Alltagsführung sind und wie wahrscheinlich sie zutreffen. Die Realitätsangemessenheit kann untereinander diskutiert werden, gegebenenfalls werden schon hilfreichere Gedanken formuliert. Zum Schluss werden die Ergebnisse der Kleingruppen in der Gesamtgruppe vorgestellt.

Üblicherweise schildern die Patienten, dass sich ihre Gedanken negativ auf ihren Gefühlszustand auswirken und das schon bestehende negative Körperbild immer wieder von neuem verstärken. Manche negativen Überzeugungen können auch auf Interpretationsfehlern bzw. falschen oder ungünstigen Attribuierungen (z.B. »Wenn mich im Schwimmbad jemand anschaut, wird er mich für maßlos und hässlich halten«) beruhen, die erst bei näherer Betrachtung in Frage gestellt werden. Aus diesem Grund erweist es sich als hilfreich, wenn Patienten genauer überprüfen, ob nicht gedankliche Irrtümer vorliegen könnten. Mögliche Denkfehler können mit Techniken wie Realitätsüberprüfung, Verifizierung von vorgenommenen Schlussfolgerungen, Perspektivenwechsel (Denken andere Menschen genauso, bzw. würde ich auch so urteilen, wenn es nicht um meine Person ginge?) identifiziert und korrigiert werden. Aber auch negative Annahmen, die sich als realitätsangemessen erweisen, können dysfunktional und wenig zielführend sein. Solange negative Bewertungsmuster unverändert bleiben, kann auch keine Veränderung der dadurch entstanden emotionalen Belastung eintreten. Deshalb ist es wichtig, die negativen Bewertungen zu unterbrechen bzw. abzumildern, indem sie durch funktionalere und hilfreichere Gedanken bzw. positive Selbstinstruktion ersetzt werden.

Bis zur nächsten Sitzung bekommen die Teilnehmer die Aufgabe, das Arbeitsblatt 29 (AB »Meine belastenden Gedanken zum Körperbild«) sowie das Arbeitsblatt 30 (AB »Gedankenstop bei belastenden Gedanken zum Körperbild«) zu bearbeiten. Jeder soll eine Situation auswählen, die auf ihn persönlich zutrifft. Darüber hinaus regt der Gruppenleiter an, bis zur nächsten Sitzung weiter körperbezogene Aktivitäten durchzuführen.

9.10.2 Körperbezogene Achtsamkeitsübung

Die 13. Sitzung dient dazu, die körperbezogene Arbeit auf der Verhaltens- sowie der kognitiven Ebene weiter fortzusetzen und zu intensivieren. Die Patienten tauschen sich erneut über ihre Fortschritte in Bezug auf körperbezogene Aktivitäten aus. Der Therapeut sollte darauf eingehen, dass auch Entspannungsverfahren, Achtsamkeitsübungen und körperliche Betätigung wie beispielsweise Qi-Gong oder meditative Verfahren einen positiven Effekt auf das Körpererleben haben können. Als praktische Übungen kann er an dieser Stelle eine kurze Achtsamkeitsübung (Wir nehmen uns Zeit für eine Atempause) mit folgender Instruktion durchzuführen (Lehrhaupt und Meibert 2011, S. 50):

Nehmen Sie zunächst bewusst eine andere Körperhaltung ein. Setzen Sie sich bequem und aufrecht hin und lassen Sie die Sitzposition eine Haltung von Würde und Offenheit ausdrücken, was immer das für Sie bedeuten mag. Wenn möglich, schließen Sie Ihre Augen. Wenn Sie die Augen offen lassen möchten, dann schauen Sie mit sanftem Blick vor sich auf den Boden und lassen Sie die Augen dort ruhen.

Als ersten Schritt dieser Übung lenken Sie nun Ihre Aufmerksamkeit in den gegenwärtigen Moment und fragen sich: Was geht im Moment in meinem Geist und in meinem Körper vor? Versuchen Sie nicht, etwas zu verändern, sondern öffnen Sie Ihr Bewusstsein für das, was in diesem Moment in Körper und Geist präsent ist. Welche Gedanken gehen mir durch den Kopf? Welche Gefühle spüre ich? Welche Körperempfindungen? Schauen Sie, ob es möglich ist, sich ihnen zu öffnen.

Im zweiten Schritt bringen Sie Ihre Aufmerksamkeit nun zu den Empfindungen des Atmens. Richten Sie die Aufmerksamkeit auf die Stelle im Körper, an der Sie Ihren Atem am deutlichsten spüren können, und verweilen Sie dort für die volle Länge jeder Einatmung und für die volle Länge jeder Ausatmung und vielleicht auch während der Pause zwischen den Atemzügen.

Und nun, im dritten Schritt, erweitern Sie das Feld Ihrer Aufmerksamkeit vom Atem auf den Körper als Ganzes: den gesamten Raum spüren, den der Körper einnimmt. Werden Sie sich all der Empfindungen bewusst, die vielleicht gerade im Körper präsent sind. Nehmen Sie sie mit einer wohlwollenden Achtsamkeit wahr in der Weite des körperlichen Gewahrseins, so als ob Ihr ganzer Körper atmet. Und wenn es Körperstellen gibt, in denen Sie intensive Empfindungen spüren, schauen Sie, ob es möglich ist, sich ihnen zu öffnen. Vielleicht können Sie dem Atem erlauben, dort hinzufließen, und den Körperstellen, sich zu weiten und weich zu werden.

Bringen Sie schließlich dieses Gefühl von Weite und Offenheit mit in die nächsten Momente Ihres Tages und beenden Sie die Übung in Ihrem eigenen Tempo.

Des Weiteren wird die Bearbeitung der Arbeitsblätter 29 (AB »Meine belastenden und hilfreichen Gedanken zum Körperbild«) und 30 (AB »Gedankenstop bei belastenden Gedanken zum Körperbild«) besprochen. Es soll überprüft werden, ob es den Patienten gelungen ist, einen hilfreichen Gedanken zu formulieren und diesen nach einem Gedankenstop als positive Selbstinstruktion zu aktivieren. Teilnehmer, die damit Schwierigkeiten hatten, bekommen von der Gruppe und dem Therapeuten darin Unterstützung, einen funktionalen Gedanken zu finden. Grundsätzlich ist der Hinweis wichtig, dass ein Gedankenstop mit nachfolgender positiver Selbstinstruktion oft geübt werden muss, bis sich eine Wirkung einstellt.

9.11 Selbstfürsorge und Achtsamkeit (Sitzung 14 und Sitzung 15)

Überblick:

- Informationen zum Selbstwert
- Strategien zur Steigerung des Selbstwertgefühls

Materialien:

- Arbeitsblatt 31: Meine Quellen für ein positives Selbstwertgefühl
- Arbeitsblatt 32: Meine Stärken
- Arbeitsblatt 33: Tagesbilanz: Positive Ereignisse
- Arbeitsblatt 34: Positive Erlebnisse fördern
- Arbeitsblatt 35: Selbstfürsorge
- Arbeitsblatt 36: Meine sozialen Beziehungen

9.11.1 Informationen zum Selbstwert

In den beiden folgenden Sitzungen stehen Strategien zur Selbstwertstärkung und Erhöhung des Selbstbewusstseins im Mittelpunkt. Ein Austausch zwischen den Teilnehmern über den eigenen Selbstwert kann unter Zuhilfenahme folgender Fragen gefördert werden:

- Wie sehe und bewerte ich mich?
- Was kann ich?
- Wie erlebe ich mich im Kontakt mit anderen?
- Wie sehr setze ich mich für meine eigenen Bedürfnisse und Interessen ein?
- Wie gut gehe ich mit mir um?

Patienten mit Übergewicht fokussieren sich manchmal hauptsächlich darauf, ihr Gewicht zu reduzieren und glauben, dass sich damit ihr Selbstwertgefühl erhöhen wird. Häufig zweifeln sie – so wie andere Menschen mit geringem Selbstbewusstsein – an ihren eigenen Stärken und Fähigkeiten, werten sich ab und haben eine schlechte Meinung von sich. Die Anerkennung und Bestätigung von anderen ist ihnen sehr wichtig und so vermeiden sie es, sich Kritik und Ablehnung auszusetzen. Eigene Wünsche und Bedürfnisse werden in den Hintergrund gestellt. Das Wohl und die Zufriedenheit der anderen Menschen stehen an erster Stelle. Misserfolge werden sich selbst und nie äußeren Gründen zugeschrieben. Menschen mit niedrigem Selbstwert können sich so, wie sie sind, nicht akzeptieren. Das kann zu ernsthaften Problemen in zwischenmenschlichen Beziehungen, zu beruflichen Misserfolgen bis hin zu Depressionen und Ängsten führen.

Eine positive Einstellung und ein gutes Gefühl zu sich selbst stärken und erleichtern hingegen die Bewältigung des Alltags. Ein starkes Selbst führt zu Lebenszufriedenheit, seelischer Gesundheit, zu einem konstruktiven Umgang mit Misserfolgen und zu Erfolgserlebnissen. Man fühlt sich den Herausforderungen des Lebens gewachsen, hat Vertrauen in die eigenen Fähigkeiten und glaubt trotz Schwächen wertvoll und liebenswert zu sein.

Ein positives Selbstwertgefühl setzt sich somit nicht nur aus körperlicher Attraktivität zusammen, sondern speist sich aus verschiedenen Quellen. Nach Potreck-Rose und Jacob (2008) besteht der Selbstwert auf folgenden vier Säulen:

- Selbstakzeptanz: die positive Einstellung zu sich selbst als Person
- Selbstvertrauen: die positive Einstellung zu den eigenen Fähigkeiten und Leistungen
- Soziale Kompetenz: das Erleben von Kontaktfähigkeit und positiver Lebensgestaltung
- Soziales Netz: die Eingebundenheit in positive soziale Beziehungen

Neben der Vermittlung dieses Basiswissen über das Selbstwertgefühl sammelt der Therapeut gemeinsam mit den Gruppenteilnehmern am Flipchart, woraus sich ein guter Selbstwert aus Sicht der Gruppe zusammensetzen könnte (►**Abb. 9.3**). Es soll verdeutlich werden, dass sich ein positives Selbstwertgefühl aus verschiedenen Facetten zusammensetzt und nicht nur von wenigen Faktoren wie beispielsweise Äußerlichkeiten wie Figur und Gewicht oder von der Anerkennung durch andere abhängig ist. Die Facetten können von Person zu Person verschieden sein, je nach persönlichen wichtigen Werten und Zielen im Leben. Bei der anschließenden Bearbeitung von Arbeitsblatt 31 (AB »Meine Quellen für ein

Abb. 9.3: Mögliche Facetten eines guten Selbstwertes

positives Selbstwertgefühl«) setzt sich jeder Teilnehmer schließlich mit seinen individuellen Quellen für einen guten Selbstwertes auseinander. Dabei kann er im nächsten Schritt analysieren, welche Bereiche für einen guten Selbstwert im eigenen Leben schon etabliert sind und bei welchen es noch deutliche Defizite gibt.

9.11.2 Strategien zur Steigerung des Selbstwertgefühls

Im Folgenden werden einige Interventionen zum Aufbau von Selbstwertgefühl genannt, die mit der Gruppe erarbeitet werden können. Es ist sinnvoll, dass der Therapeut eine Auswahl von zwei bis drei Interventionen vornimmt, die er in den beiden Sitzungen mit den Teilnehmern vertiefen will.

Die positive Einstellung zu sich selbst: seine Stärken und positiven Eigenschaften kennen

Damit ist gemeint, dass man mit sich selbst zufrieden ist und seine eigenen Verhaltensweisen, Meinungen, Überzeugungen und positiven Eigenschaften wertschätzt. Wenig selbstbewusste Menschen richten ihren Blick auf ihre Fehler und Schwächen und nehmen nicht mehr wahr, was an ihnen positiv ist. Aus diesem Grunde können die Teilnehmer mit Hilfe des Arbeitsblattes 32 (AB »Meine Stärken«) sich eigener Stärken, Fähigkeiten, Talente und Leistungen wieder bewusst werden. Unterstützend dabei ist, dass die Teilnehmer sich gegenseitig Rückmeldung über wahrgenommene positive Eigenschaften geben, insbesondere wenn Einzelne Probleme haben, positive Aspekte für sich zu finden. Oft können andere Personen auf Fähigkeiten und besondere Stärken aufmerksam machen, die der Betroffene bisher noch nicht wahrgenommen und wertgeschätzt hat. Im Anschluss stellt jeder die einzelnen Punkte, die er für sich gefunden hat, in der Gruppe vor. Die Teilnehmer können dabei üben, eine positive Einstellung sich selbst gegenüber auch vor anderen zu vertreten. Dabei auftretende Schwierigkeiten wie Gefühle von Peinlichkeit oder Gedanken wie beispielsweise »Man soll sich nicht selber loben« sollten aufgegriffen und diskutiert werden. In dem folgenden Beispiel ist dargestellt, wie eine positive Eigenschaftsliste aussehen könnte.

Meine Stärken sind, ich kann gut:

- auf Menschen zugehen
- nähen
- in stressigen Situationen die Ruhe bewahren
- schöne Wohnatmosphäre herstellen
- mit Kindern umgehen
- zuverlässig sein
- mich spontan auf Veränderungen einlassen
- Freude zeigen
- Schwächen anderer akzeptieren
- mich geschmackvoll kleiden

Tagesbilanz in Bezug auf positive Ereignisse ziehen

Eine weitere Möglichkeit zu üben, den Blick auf Positives zu richten, besteht darin, jeweils abends eine Bilanz über den Tagesablauf zu ziehen und dabei auf angenehme und gute Erlebnisse und Ereignisse zu fokussieren. Die Teilnehmer beobachten und führen im Arbeitsblatt 33 (AB »Tagesbilanz Positive Ereignisse«) Protokoll darüber, was sie an dem jeweiligen Tag Positives erlebt haben und was ihnen Freude oder ein angenehmes Gefühl bereitet hat. An »schlechten« Tagen können das auch Dinge sein, die dazu beigetragen haben, dass die eigene Stimmung sich nicht noch weiter verschlechtert hat. Hierbei geht es nicht darum, sich »zwanghaft« positive Erlebnisse einzureden, sondern auf kleine, aber doch positive Begebenheiten, die man sonst eher nicht beachtet oder registriert, aufmerksam zu machen. Eine Hausaufgabe für die nächste Sitzung könnte darin bestehen, ein Tagebuch mit positiven Erlebnissen zu führen.

Positive Aktivitäten: positive Erlebnisse im Alltag fördern

Angenehme, entspannende und positive Aktivitäten sollen zum Ausgleich für Alltagsverpflichtungen und für Belastungen regelmäßig etabliert werden. Häufig werden solche Aktivitäten im Alltag vernachlässigt bzw. zugunsten von familiären oder beruflichen Aufgaben reduziert oder ganz aufgegeben. Positive Aktivitäten erhöhen jedoch die Wahrscheinlichkeit für mehr Zufriedenheit und Freude im Alltag und ermöglichen ein Auftanken von Energie für die notwendigen und manchmal mit Stress verbundenen Alltagspflichten. Ziel ist deshalb, regelmäßig wohltuende Handlungen und Aktivitäten zu planen. Mit dem Arbeitsblatt 34 (AB »Positive Erlebnisse fördern«) können die Teilnehmer über ihre persönlichen Zufriedenheitserlebnisse reflektieren und eine konkrete Planung vornehmen, welche Aktivitäten sie häufiger ausüben möchten.

Förderung einer guten Selbstfürsorge

Ein guter Umgang mit sich selbst bedeutet, achtsam mit seinen Bedürfnissen, Gefühlen und Wünschen umzugehen und eigene Grenzen wahrzunehmen, um sich nicht zu überfordern. Es geht darum, den Alltag so zu gestalten, dass eine Balance zwischen Pflichten bzw. der Fürsorge für die Bedürfnisse anderer und den eigenen körperlichen, emotionalen und geistigen Bedürfnissen gegeben ist. Die Patienten sollen angeregt werden, sich über verschiedene Möglichkeiten der Selbstfürsorge bewusst zu werden und sich darüber auszutauschen. Beispiele hierfür werden im Folgenden genannt.

Zur körperlichen Selbstfürsorge kann gehören:

- Gesundes und regelmäßiges Essverhalten
- Bequeme und der Temperatur angemessene Kleidung
- Regelmäßige ärztliche Vorsorgeuntersuchungen, bei andauernden Beschwerden Arzt aufsuchen

- Körperliche Bewegung
- Körpersignale (z. B. Müdigkeit, Beschwerden) beachten
- Ausreichender Schlaf
- Körperliche Nähe und Distanz regulieren, sodass es angenehm ist
- Dem Körper Gutes tun (Entspannung, Massage, Eincremen etc.)

Zur emotionalen Selbstfürsorge kann gehören:

- Gute soziale Beziehungen und Bindungen
- Differenzierte Wahrnehmung und Beachtung eigener Gefühle
- Wissen, was einem gut tut und was nicht
- Sich Fehler und Schwächen zuzugestehen
- Auf die eigenen Bedürfnisse und Wünsche achten
- Genießen können
- Sich selbst keinen Schaden zuzufügen
- Unangenehme Gefühle aushalten können
- Seinen Selbstwert stärken
- Positive Aspekte an sich sehen

Zur geistigen Selbstfürsorge kann gehören:

- Persönliche Werte vertreten
- Über sich und das Leben nachdenken
- Sich Wissen und Fertigkeiten aneignen
- Eigenen Interessen und Hobbys nachgehen
- Sich mit Literatur, Theater, Kunst, Musik, Philosophie, Spiritualität beschäftigen
- Sich inspirieren lassen

Auf das Arbeitsblatt 35 (AB »Selbstfürsorge«) können die Teilnehmer diejenigen Bereiche und Aktivitäten eintragen, die sie in den nächsten vier Wochen im Sinne einer verbesserten Selbstfürsorge in ihrem Alltag berücksichtigen wollen.

Eingebunden sein in positive soziale Beziehungen

Verlässliche soziale Kontakte zu Freunden, Bekannten und Arbeitskollegen, eine befriedigende Partnerschaft und gute familiäre Beziehungen tragen zu einem positiven Selbstwertgefühl bei. Dabei ist weniger die Anzahl der Beziehungen, sondern vielmehr die subjektiv empfundene Qualität im Sinne eines sozialen Rückhaltes entscheidend. Mit dem Arbeitsblatt 36 (AB »Meine sozialen Beziehungen«) können die Teilnehmer angeregt werden, über die Zufriedenheit mit ihren derzeitigen sozialen Beziehungen zu reflektieren und gegebenenfalls kleine Veränderungsschritte zur Verbesserung ihrer sozialen Kontakte vorzunehmen. Das Arbeitsblatt beschäftigt sich mit folgenden Fragen:

- Welche Personen gehören zu meinen engeren, welche zu meinen weiteren (weniger intimen) sozialen Beziehungen?

9 Standardbehandlung der Adipositas bei einem BMI zwischen 30 und 40 kg/m²

- Wie zufrieden bin ich mit der Anzahl meiner sozialen Kontakte?
- Wie zufrieden bin ich mit der Häufigkeit und Qualität meiner sozialen Kontakte?
- In welchen Punkten würde ich an meinen sozialen Beziehungen etwas ändern wollen?
- Welche Veränderungsschritte nehme ich mir vor?

9.12 Rückfallprophylaxe (Sitzung 16)

Überblick:

- Umgang mit Rückfällen

Materialien:

- Arbeitsblatt 37: Informationen zum Umgang mit Rückfällen
- Arbeitsblatt 38: Was tun, wenn Rückschläge eintreten?

9.12.1 Umgang mit Rückfällen

Die nächsten Therapiesitzungen befassen sich mit der Vorbereitung der Patienten auf das baldige Ende der Gruppensitzungen sowie mit dem Umgang in Bezug auf mögliche zukünftige Rückfälle. Der Therapeut regt eine Diskussion über die Einstellungen der Gruppenteilnehmer bzgl. möglicher Rückfälle mit folgenden Fragen an:

- Wie werden Sie die bisherigen Fortschritte beibehalten und mit welchen Schwierigkeiten dabei rechnen Sie?
- Wie reagieren Sie, wenn sich alte ungünstige Verhaltensweisen wieder einschleichen?
- Welche Situationen könnten bei Ihnen zu der Einstellung führen, dass alles umsonst war?

Anschließend erhalten die Patienten das Arbeitsblatt 37 (AB »Informationen zum Umgang mit Rückfällen«). Die darin aufgeführten Punkte sollten gründlich besprochen werden. Das Arbeitblatt informiert die Patienten darüber, dass Rückfälle normaler Bestandteil innerhalb eines Lernprozesses sind. Für einen langfristigen Erfolg ist entscheidend, dass die neu erlernten Verhaltensweisen im Umgang mit der Ernährung, Bewegung und mit eigener Selbstfürsorge nicht nur für die Zeit des Gruppentherapieprogramms, sondern kontinuierlich und überdauernd eingeübt werden. Das erfordert Beharrlichkeit, Durchhaltevermögen und einen konstruktiven Umgang mit dem Auftreten von Rückfällen in alte ungünstige Gewohnheiten und Verhaltensweisen. Eingefahrene Muster müssen auch weiterhin aufgegeben und durch »neue« Gewohnheiten ersetzt werden. Dabei ist es natürlich, dass Schwierigkeiten und Rückschritte auftreten. Zum Teil kommt es schon während der Behandlung zu alt bekannten Schwierigkeiten, oft erleben Patienten aber auch, dass während der Therapie vieles erst noch reibungslos verläuft und unter Anleitung die neuen Verhaltensweisen erfolgreich etabliert werden können. Ausschlaggebend für einen langfristigen Therapieerfolg ist nicht, ob und wann Rückfälle auftreten, sondern vielmehr, ob ein konstruktiver Umgang damit stattfindet. Neben der Entpathologisierung von Rückfällen beinhaltet das Arbeitsblatt 37 (AB »Informationen zum Umgang mit Rückfällen«) folgende hilfreiche Bewältigungsstrategien, die mit den Patienten besprochen werden sollen:

- Vorwegnahme und Entpathologisierung von zukünftigen Rückfällen
- Unterscheidung zwischen einmaligem Rückschlag und »echtem« Rückfall
- Identifikation und Beobachtung individueller potenzieller Auslöser und Risikosituationen für einen Rückfall
- Entwicklung von Copingstrategien zur Verhinderung von Rückfällen und zum Umgang mit eingetretenen Rückschlägen und Rückfällen
- Stärkung der Selbstwirksamkeit und individueller Ressourcen

Vorwegnahme und Entpathologisierung von zukünftigen Rückfällen

Rückfälle sind für Patienten oft verbunden mit Selbstanklagen, Frustration und Versagensgefühlen. Sie werden als Zeichen gewertet, dass alles bisher Erreichte umsonst war und man wieder ganz am Anfang steht (»Alles oder Nichts«- Denken). Die Hoffnung auf Fortschritte wird aufgegeben, die Motivation und Fähigkeit mit den aufgetretenen Schwierigkeiten umzugehen sinkt. Verhaltensänderung muss jedoch als ein längerfristiger Prozess angesehen werden, zu dem Rückfälle dazugehören. Sie bieten die Chance, zu analysieren, wo aktuell Schwierigkeiten bestehen und bewältigt werden müssen, damit der Therapieerfolg langfristig erhalten bleibt. Sie stellen keine Katastrophe dar, sondern können als wertvolle Möglichkeit verstanden werden, um neue Strategien zu erproben. Die Einstellung und Erwartungshaltung, dass Rückfälle und Motivationseinbrüche vorkommen werden und man sich dagegen rüsten kann, ist für eine weitere positive Entwicklung förderlich.

Unterscheidung zwischen einmaligen Rückschlag und »echtem« Rückfall

Rückfälle passieren in der Regel nicht plötzlich, sondern sind schleichende Prozesse, in deren Rahmen sich immer wieder kleinere Rückschläge summieren. Unter einem Rückschlag versteht man eine leichte, nur kurzfristig anhaltende Verschlechterung, die sich jedoch unter Anwendung von bewährten Maßnahmen, z. B. Einhaltung der drei Hauptmahlzeiten, wieder zurückbildet. Der Patient verliert dabei nicht das Gefühl von Selbstwirksamkeit, sondern macht die Erfahrung, dass er ungünstige Verhaltensweisen mit Gegenmaßnahmen eigenständig beeinflussen kann. Solche kleineren Rückschläge werden sich zwangsläufig immer wieder ereignen, aber nicht dazu führen, dass eine Verhaltensänderung nicht erfolgreich umgesetzt werden kann. Wichtiges Ziel ist vielmehr, eine Kumulation einzelner zu erwartender Rückschläge zu einem Rückfall zu verhindern, denn in diesem Fall müsste nachfolgend noch mehr Anstrengung unternommen werden, um wieder auf den gewünschten Weg zu kommen. Kleinere Rückschläge erfordern weniger Aufmerksamkeit und Auseinandersetzung als »echte« Rückfälle, sodass eine Unterscheidung, welche Form vorliegt, wichtig für die weitere Handlungsplanung ist.

Identifikation und Beobachtung individueller potenzieller Auslöser und Risikosituationen für einen Rückfall

Um einem Rückfall möglichst früh und effektiv entgegenwirken zu können, ist es wichtig, individuelle Anzeichen zu identifizieren und zu kennen. Die Teilnehmer sollen ermutigt werden, sich im Vorfeld über Warnsignale, die einen Rückfall ankündigen, bewusst zu werden. Die Anzeichen sollten möglichst konkret und spezifisch benannt werden und sich auf persönliche Erfahrungen beziehen. Ebenso können schon im Voraus mögliche Risikosituationen, in denen es in der Vergangenheit typischerweise zu Rückfallverhalten (z. B. an Weihnachten oder an Festen und Feiern mit Buffett) gekommen ist, zusammengetragen und im Vorfeld hierfür Bewältigungsstrategien erarbeitet werden.

Entwicklung von Copingstrategien zur Verhinderung von Rückfällen und zum Umgang mit eingetretenen Rückschlägen und Rückfällen

Nach der Identifikation von Risikosituationen sollten Patienten mögliche Maßnahmen und Strategien zur Bewältigung erarbeiten, die sie sich auf einer Art »Notfallkarte« notieren. In kritischen Situationen können sie somit auf diese Strategien zurückgreifen, entweder um zu verhindern, dass es zu einem Rückschlag kommt oder um sie einzusetzen, wenn dieser schon eingetreten ist.

Stärkung der Selbstwirksamkeit und individueller Ressourcen

Neben einer Beschäftigung mit möglichen Schwierigkeiten und Rückfällen sollten die Patienten nicht vergessen, sich immer wieder ihre bisherigen Erfolge bewusst zu machen. Das gezielte Erinnern an Situationen, die sie trotz Schwierigkeiten letztendlich gemeistert haben und an eigene persönlichen Stärken und positiven Eigenschaften hilft zuversichtlicher mit kleinen Rückschlägen umzugehen.

Das Arbeitsblatt 38 (AB »Was tun, wenn Rückfälle eintreten?«) wird zur Bearbeitung für die verbleibende Zeit der Sitzung bzw. als Hausaufgabe für die nächste Therapiesitzung ausgeteilt.

9.13 Bilanzierung und Überleitung zur Phase der Gewichtsstabilisierung (Sitzung 17)

Überblick:

- Hausaufgabenbesprechung
- Überleitung zur Phase der Gewichtsstabilisierung
- Unterstützende Strategien zur Gewichtsstabilisierung

Materialien:

- Arbeitsblatt 38: Was tun, wenn Rückschläge auftreten?
- Arbeitsblatt 39: Strategien zur Gewichtsstabilisierung

Hausaufgabenbesprechung

Sitzung 17 beginnt mit der Besprechung des Arbeitsblattes 38 (»Was tun, wenn Rückschläge eintreten?«). Jeder Patient berichtet, was seine individuellen hilfreichen Strategien im Umgang mit Rückschlägen sind.

9.13.1 Überleitung zur Phase der Gewichtsstabilisierung

Zum Ende des Gruppentherapieprogramms soll eine Bilanzierung der bisher erreichten Schritte in Bezug auf das Ernährungs- und Bewegungsverhalten, dem Umgang mit dem Körper und mit Selbstfürsorge sowie der erzielten Gewichtsabnahme vorgenommen werden. Die Teilnehmer werden angeregt, sich ihre Fortschritte zu verdeutlichen und zu würdigen. Ebenso sollen noch bestehende Problembereiche mit anstehenden Lösungsschritten identifiziert werden. Hierbei können folgende Fragen hilfreich sein:

- Welche Ziele habe ich während des Gruppentherapieprogramms erreicht?
- Welche Anstrengungen haben zu diesen Zielen geführt?
- Wie zufrieden bin ich mit meinem Gewichtsverlust?
- Welche Schwierigkeiten möchte ich noch weiterhin bearbeiten?
- Was bedeutet es für mich, in die Phase des Gewichthaltens zu kommen?

Neben einer Rückschau sollte der Blick auf zukünftige realistische Ziele gelegt werden. Es ist wichtig, mit den Teilnehmern zu thematisieren, dass sie vermutlich in nächster Zeit die Erfahrung machen werden oder auch schon in letzter Zeit gemacht haben, dass sich in der Regel nur noch eine geringe Gewichtsabnahme einstellen wird. Das Arbeitsblatt 10 aus Sitzung 2 (AB »Informationen zu realistischen Gewichtszielen«) kann erneut gemeinsam durchgegangen und die Informationen zur Phase der Gewichtsverlusts bzw. der Phase des Gewichtserhalts aufgefrischt werden. Nach Beendigung des Gruppentherapieprogramms und in der darauffolgenden Nachbehandlungsphase geht es darum, den Fokus darauf zu legen, den bisher erreichten Gewichtsverlust halten zu können bzw. eine neuerliche Gewichtszunahme zu verhindern. Oft haben Teilnehmer die Vorstellung und Erwartung, dass sich ihr Gewicht weiterhin reduzieren wird, und es fällt ihnen schwer, sich auf die Phase einer Gewichtsstabilisierung einzulassen. Diese Einstellung führt aber eher dazu, dass es beim Bemühen um einen weiteren Gewichtsverlust zu Frustrations- und Enttäuschungserleben kommt und bisher erreichte Fortschritte nicht mehr gewürdigt werden. Forschungsergebnisse zeigen, dass es nur etwa 20–30 % der übergewichtigen und adipösen Patienten gelingt, ihre während eines Programms erzielte Gewichtsreduktion zu halten (Wing und Phelan 2005). Innerhalb des ersten Jahres nach Programmende nimmt die Mehrzahl der Patienten zwischen 30 und 50 % des verlorenen Gewichts wieder zu, und über die Hälfte der Patienten erreicht nach etwa drei bis fünf Jahren wieder ihr Ausgangsgewicht oder übertrifft es sogar (Rieber et al. 2010a). Auf diesem Hintergrund sollte der Therapeut die Teilnehmer darauf vorbereiten, dass zukünftig der Fokus auf einer Gewichtsstabilisierung liegt. Das Vorhaben, sein Gewicht weiter zu reduzieren zu wollen, ist in der kommenden Nachbehandlungsphase nicht vereinbar mit dem Erlernen einer dauerhaften erfolgreichen Gewichtsstabilisierung, sondern führt vielmehr zu dem Risiko einer nachfolgenden Zunahme. Von einer dauerhaften Gewichtsstabilisierung kann man sprechen, wenn Patienten zwischen 5 % und 10 % ihres Ausgangsgewichts verloren haben und diesen Gewichtsverlust mindestens ein Jahr lang halten konnten (Wing und Hill 2001).

Es ist zu erwarten, dass es bei einigen Teilnehmern an diesem Punkt der Therapie zu negativen Reaktionen kommt. Gründe hierfür können beispielsweise in überhöhten Erwartungen, Unzufriedenheit mit dem jetzigen Gewicht bzw. der eigenen Figur oder in der Enttäuschung über die Begrenztheit einer möglichen Gewichtsreduktion liegen. Hilfreich ist, wenn der Therapeut Raum für die verschiedenen Reaktionen auf die Phase des Gewichtserhalt gibt und die Gruppenmitglieder anregt, sich über ihre Gefühle und wie man damit konstruktiv umgehen kann, auszutauschen. Es geht unter Umständen auch darum, dass manche Teilnehmer lernen müssen, sich mit einem bestimmten Gewicht und der Tatsache, die gewünschte Figur nicht erreichen zu können, abzufinden. Dieser Anpassungs- und Akzeptanzprozess kann Zeit und Anstrengung erfordern.

9.13.2 Unterstützende Strategien zur Gewichtsstabilisierung

Neben den erarbeiteten individuellen Strategien zur Rückfallprophylaxe gibt es weitere Verhaltensweisen, die eine langfristige Gewichtsstabilisierung unterstützen und mit den Teilnehmern ausführlich besprochen werden sollten, wie:

- *Self-Monitoring des Gewichts und des Essverhaltens:* Gewichtskontrollen durch regelmäßiges Wiegen wirken sich positiv auf die Gewichtsstabilisierung aus, wohingegen eine geringe und unregelmäßige Wiegefrequenz oftmals mit einer Gewichtszunahme verbunden ist (Butryn et al. 2007; Wing und Hill

2001). Aus diesem Grunde sollte die Empfehlung ausgesprochen werden, sich weiterhin mindestens einmal pro Woche zu wiegen und die Gewichtskurve weiterzuführen. Aber auch eine Selbstbeobachtung in Bezug auf eine Einhaltung einer geregelten Mahlzeitenstruktur und intermittierendes Führen von Ernährungsprotokollen gelten als Prädiktoren für eine erfolgreiche Gewichtsstabilisierung (Burke et al. 2011; Rieber et al. 2010a).

- *Flexible Kontrolle des Essverhaltens:* Eine grobe Planung von Mahlzeiten im Voraus und ein regelmäßiges Essensmuster unterstützen den Gewichtserhalt. Das Festhalten an ganz rigiden Ernährungsregeln ist dabei aber nicht förderlich. Manche Umstände im Alltag wie Krankheitszeiten, Ferien- und Urlaubszeiten oder unvermeidbare Stresssituationen erfordern Flexibilität und kurzfristige Veränderungsmöglichkeiten des Essverhaltens. Sind diese »Sondersituationen« wieder beendet, können spätestens dann wieder Korrekturen des Ess- und Bewegungsverhaltens vorgenommen werden. Einer starren Struktur, in der beispielsweise Kalorien ausgerechnet werden, Essenszeiten nicht an Alltagsbedingungen angepasst werden, kalorienreiche Nahrungsmittel gänzlich vermieden und dichotomes Denken bei der Ernährungsplanung vorherrscht, sollte entgegengewirkt werden. Günstig scheint es zu sein, einen Mittelweg zwischen unstrukturiertem, spontanem und ungezügeltem Essverhalten, das zusätzlich von psychischer Befindlichkeit getriggert wird, und einer überkontrollierten, ins restriktiv-diätetisch gehenden Ernährung zu finden.

- *Analyse von größeren und länger andauernden Gewichtszunahmen:* Gewichtsschwankungen, die sich im Rahmen von ein bis zwei Kilogramm bewegen oder auf intermittierende äußere Veränderungen wie beispielsweise auf eine akute körperliche Erkrankung zurückzuführen sind, bedürfen keiner erhöhten Aufmerksamkeit bzw. sollten nicht überbewertet werden. Kleine Schwankungen, die noch keinem Trend zuzuordnen sind, sind normal. Wenn die Gewichtsentwicklung in den letzten drei bis vier Wochen jedoch auf eine deutliche Gewichtszunahme hinweist, sollten die möglichen Ursachen identifiziert werden. Häufig handelt es sich um schleichende Veränderungen im Ess- und Bewegungsverhalten, die als Erklärung in Frage kommen und mit vermehrter Selbstbeobachtung bewusst gemacht werden können. Hierbei kann es hilfreich sein, intermittierend wieder Ernährungsprotokolle zu führen. Aber auch emotionale und stressassoziierte Auslöser können ursächlich für Veränderungen im Essverhalten sein. Sind die Ursachen für die Gewichtserhöhung evident, besteht der nächste Schritte darin, Lösungsmöglichkeiten für die ungünstigen Veränderungen im Ess- und gegebenenfalls Bewegungsverhalten zu erarbeiten, sodass wieder eine Korrektur des Gewichts erfolgen kann.

- *Aktives Einsetzen von Bewältigungsstrategien bei Rückschlägen:* Wer bei Rückschlägen aktiv und zeitnah Strategien zur Bewältigung einsetzt, hat ein deutlich verringertes Risiko, wieder an Gewicht zuzunehmen (Elfhag und Rossner 2005). Das Erleben von Selbstwirksamkeit wird dadurch gestärkt und hat einen positiven Einfluss auf das Selbstvertrauen. Patienten mit passivem Copingverhalten und geringem Selbstvertrauen hingegen nehmen eher wieder an Gewicht zu (Elkins et al. 2005).

- *Integration von körperlicher Aktivität in den Alltag:* Regelmäßige körperliche Aktivität spielt insbesondere beim Gewichtserhalt eine entscheidende Rolle. Mehrere Studien belegen, dass regelmäßige Bewegung einen signifikanten Einfluss auf eine erfolgreiche Gewichtsstabilisierung hat (Teixeira et al. 2010, Kruger et al. 2008, Kruger et al. 2006). Die Aufrechterhaltung des im Gruppentherapieprogramm etablierten Aktivitätsniveaus beugt somit einer Gewichtszunahme vor.

Zur Ergänzung kann den Teilnehmer das Arbeitsblatt 39 (AB »Strategien zur Gewichtsstabilisierung«) ausgeteilt werden, das diese hilfreichen Fertigkeiten für einen Gewichtserhalt zum Nachlesen zusammenfasst.

9.14 Abschied und Übergang in die Nachsorgephase (Sitzung 18)

Mit dieser Sitzung endet das Gruppentherapieprogramm. Die Teilnehmer können noch einmal Rückmeldung zum gesamten Therapieverlauf geben und haben die Gelegenheit, Fragen, die für sie noch offen geblieben sind, zu stellen.

Zum Abschluss wird die Gruppe in zwei Kleingruppen unterteilt und die Teilnehmer bekommen die Aufgabe, sich Gedanken über Ziele, die sie nach Abschluss der Behandlung erreichen wollen, zu machen. Die Kleingruppe kann Rückmeldungen dazu geben, ob die Ziele des Einzelnen realistisch, konkret und erreichbar erscheinen. Jeder Teilnehmer sollte ca. drei Ziele für sich schriftlich fixiert haben, die für ihn in den folgenden Wochen im Mittelpunkt stehen und diese dann in der Gesamtgruppe besprechen.

9.14.1 Vereinbarung von Auffrischungssitzungen

Niederfrequente, aber regelmäßige Auffrischungssitzungen über einen Zeitraum von sechs bis zwölf Monaten sind eine Unterstützung, um eine dauerhafte Aufrechterhaltung des erzielten Gewichtsverlusts zu erreichen. Aus diesem Grunde sollten sich an die Gruppentherapiesitzungen Nachsorgesitzungen anschließen, in denen der Transfer des Erlernten in den Alltag gefördert und eventuell auftretende Probleme aufgegriffen werden können. Fachleute betonen, dass es sich bei der Adipositas um eine chronische Erkrankung handelt, die nicht innerhalb weniger Monate ausreichend behandelt werden kann, sondern langfristiger Betreuung bedarf. Perri und Corsica (2002) zeigten in einer Übersicht von 13 Studien zu verhaltenstherapeutischen Nachsorgeprogrammen, dass bei Teilnehmern von nachbehandelten Gruppen 96 % der zu Programmende erzielten Gewichtsabnahme beibehalten werden konnte, während nicht behandelte Teilnehmer nur 66 % von ihrem ursprünglich erreichten Gewichtsverlust aufrechterhalten haben. Auch eine neuere Überblicksarbeit von Ross Middleton et al. (2012) bestätigt, dass eine länger andauernde Nachsorge, die therapeutengeleitet ist, den Gewichtserhalt signifikant positiv beeinflusst. Allerdings ist bisher noch unklar, ob eine bestimmte Darbietungsform der Nachsorge (z. B. über Internet, Telefon oder persönliche Treffen) einer anderen überlegen ist.

Ebenso können nach Einschätzung der Autoren derzeit wenig Aussagen darüber gemacht werden, über welchen Zeitraum, mit welcher Frequenz und Dauer Nachsorge- bzw. Auffrischungssitzungen durchführt werden sollen, damit sie effektiv sind. Die meisten untersuchten Studien beschreiben Nachsorgeprogramme, die zwischen einem Jahr und eineinhalb Jahren andauerten und mit einer Frequenz von einmal im Monat bis alle vier Monate stattfanden. Über die zeitliche Dauer der Sitzungen werden meistens keine genauen Angaben gemacht.

Auf diesem Hintergrund schlagen wir für die Nachsorgephase insgesamt sechs bis acht 50minütige Sitzungen vor. Als möglichen Rhythmus empfehlen wir Abstände von ein bis zwei Monaten für ca. zwei bis drei Sitzungen, von drei Monaten und schließlich von sechs Monaten für die restlichen Sitzungen. Die Patienten werden in dieser letzten Gruppentherapiesitzung über die Termine der Nachbehandlungsphase informiert.

9.15 Nachsorgephase

Die Nachsorgephase soll den Teilnehmern dazu verhelfen, die erlernten Verhaltens- und Lebensstiländerungen in den Alltag zu transferieren. Die Bewältigung der Adipositas gilt als länger andauernder Prozess, in dem niederfrequente ärztlich-psychotherapeutische Unterstützung zur Stärkung von Selbsthilfe für den weiteren Gesundungsprozess förderlich ist. Im Unterschied zur vorangegangenen Behandlungsphase werden in der Nachsorgephase die Eigenaktivität der Teilnehmer weiter gefördert und damit auch Selbsthilfepotenziale gestärkt. Die Treffen sollen vor allem eine motivierende und verstärkende Wirkung auf die kontinuierliche Anwendung der Gewichtserhaltungsstrategien haben. Auftretende Probleme, Hindernisse und Schwierigkeiten bei der Umsetzung der Techniken der Gewichtskontrolle können sowohl mit dem Therapeuten als auch den übrigen Teilnehmern besprochen und Lösungsmöglichkeiten dazu erarbeitet werden. Der Therapeut hat die Aufgabe, die Sitzungen zu strukturieren, bei Bedarf Wissen und Informationen aufzufrischen bzw. auf passende Arbeitsmaterialien aus dem Gruppentherapieprogramm zu verweisen sowie die Gruppe anzuregen, gemeinsam Lösungs- und Unterstützungsmöglichkeiten für Schwierigkeiten einzelner Teilnehmer zu erarbeiten. Wichtig ist, dass er von Anfang an transparent macht, dass es in der jetzigen Phase darum geht, dass die Teilnehmer Experten im Umgang mit ihren Schwierigkeiten beim Transfer in den Alltag werden. Die Rolle des Therapeuten wird deshalb in dieser Behandlungsphase eher im Sinne eines »Coach« und Begleiters verstanden. Das bedeutet, dass er sich im Laufe der

Nachsorgetreffen mit Interventionen mehr und mehr zurücknimmt und die Teilnehmer vielmehr anleitet, selbst aktiv zu werden. Nachfolgend ist ein Vorschlag zur möglichen Strukturierung aller Nachsorgesitzungen für den Therapeuten und die Teilnehmer skizziert, der sich überwiegend am Problemlöseansatz von D'Zurilla und Goldfried (1971) orientiert.

- *Befindlichkeitsrunde:* Jeder Teilnehmer berichtet kurz über sein Befinden und fasst zusammen, wie ihm aus seiner Sicht der Transfer des Ernährungs- und Bewegungsverhaltens sowie die Umsetzung seiner drei Ziele aus Sitzung 18 gelungen ist und wobei es noch Schwierigkeiten gibt. Darüber hinaus wird der Gewichtsverlauf thematisiert.
- *Problemauswahl und Problembeschreibung:* Ein bis zwei Teilnehmer erklären sich bereit, ihr Problem bzw. Hindernis in Bezug auf die Umsetzung ihrer Strategien zum Gewichtserhalt zu bearbeiten. Das Problem sollte möglichst genau und konkret beschrieben werden, z. B. »Jetzt im Winter gelingt es mir nicht mehr, drei Mal in der Woche zum Nordic-Walking zu gehen. Wenn ich abends nach Hause gehe, setze ich mich auf mein Sofa und schalte den Fernseher an«.
- *Zielanalyse:* Gemeinsam mit dem betroffenen Teilnehmer erarbeitet die Gruppe realistische Ziele im Hinblick auf eine erwünschte Verhaltensänderung wie beispielsweise: »Ich möchte es im Winter zumindest einmal pro Woche schaffen, Nordic-Walking zu machen und meine Alltagsaktivität zu erhöhen, indem ich auch bei schlechtem Wetter zu meinem Arbeitsplatz laufe«.
- *Lösungsmöglichkeiten sammeln:* Im Sinne eines »Brainstormings« werden in der Gruppe zunächst alle Ideen und Lösungsmöglichkeiten gesammelt, ohne sie zu bewerten. Möglichst viele, auch unsinnig anmutende Anregungen sollen zugelassen werden, um auch kreative Lösungen, die einem sonst nicht einfallen, zu ermöglichen.
- *Lösungen bewerten und auswählen:* Der betroffene Teilnehmer bewertet die gesammelten Lösungen im Hinblick darauf, wie hilfreich, umsetzbar und Erfolg versprechend er sie für sich einschätzt. Ungeeignete Vorschläge werden aussortiert. Schließlich sucht er eine oder mehrere Lösungen aus, die er bis zur nächsten Sitzung ausprobieren möchte. Die Gruppenteilnehmer achten darauf, dass der Lösungsplan nicht zu unrealistisch bzw. zu schwer durchführbar erscheint. Am Anfang der nächsten Nachsorgesitzung sollte eine Rückmeldung erfolgen, ob die ausgewählte Lösungsstrategie erfolgreich war oder nicht. Konnte der Teilnehmer sein festgelegtes Ziel damit nicht erreichen, muss der beschriebene Problemlöseprozess unter Umständen nochmals durchgeführt werden.

Endet schließlich auch diese mehrmonatige Nachsorgephase für die Teilnehmer, wird jedoch weiterhin offen bleiben, ob diese ausreichend war, um einen langfristigen Effekt auf den Gewichtserhalt zu ermöglichen. Es gibt bisher nur wenig gut evaluierte Programme für eine anschließende Gewichtsstabilisierung (Middleton et al. 2012; Rieber et al. 2010a), und diese lassen lediglich den Rückschluss zu, dass Nachsorgeprogramme, die therapeutengeleitet sind, grundsätzlich den Gewichtserhalt fördern. Welche Inhalte und welchen Rahmen diese Nachsorgesitzungen haben, welche Dauer und welche Intensität dabei notwendig sind und ob eine erfolgreiche Behandlung der Adipositas nicht doch als ein lebenslanger Prozess zu sehen ist, der intermittierend immer wieder fachlicher Unterstützung bedarf, ist noch gänzlich ungeklärt.

10 Behandlung der Adipositas bei komorbiden psychischen Störungen

Sandra Becker

10.1 Psychische Komorbidität bei Adipositas

Adipöse Menschen leiden neben dem erhöhten Körpergewicht und dessen medizinischen Komorbiditäten häufig auch unter ausgeprägten psychischen Folgeerscheinungen und Erkrankungen. Die Prävalenzrate an depressiven Störungen und Angststörungen ist bei Bestehen einer Adipositas deutlich höher als bei normalgewichtigen Personen (McElroy et al. 2004; Gariepy et al. 2010). In Bezug auf Depression trifft dies vor allem auf Frauen zu und hängt außerdem mit der Schwere des Übergewichts zusammen (vor allem Adipositas Grad II und III) (Mühlhans und De Zwaan 2008). Das erhöhte Risiko, an einer Angststörung zu leiden, hingegen ist für beide Geschlechter gleich (Gariepy et al. 2010). Die Metaanalyse von Luppino et al. (2010) konnte einen wechselseitigen Zusammenhang zwischen Depression und Adipositas nachweisen, d. h. adipöse Menschen haben ein erhöhtes Risiko für Depressionen und umgekehrt haben depressive Personen ein höhere Wahrscheinlichkeit adipös zu werden. Das therapeutische Vorgehen bei adipösen Patienten mit komorbiden psychischen Störungen wie Angst und Depression unterscheidet sich nicht grundlegend von dem normalgewichtiger Patienten, die unter Depression oder Angststörung leiden. Es ergeben sich allerdings Besonderheiten bei der Psychopharmaka-Vergabe (▶ Kap. 12). Bei leichtgradiger Ausprägung kann auch erst beobachtet werden, ob sich durch eine erfolgreiche Behandlung der Adipositas, die zumeist wieder Kontrollerlebnisse und selbstwertsteigernde Erfahrungen mit sich bringt, zusätzlich eine Verbesserung der ängstlichen oder depressiven Störung ergibt. Sollte das im Verlaufe nicht der Fall sein oder sollte es sich um eine schwergradigere Ausprägung depressiver und ängstlicher Störungen handeln, werden störungsbezogene intensivere und spezifischere Psychotherapieangebote in Ergänzung zu einer Adipositasbehandlung notwendig, wie sie beispielsweise bei Hautzinger (2013) oder Margraf und Schneider (2014) beschrieben werden.

Noch häufiger ist Adipositas allerdings mit dem Vorliegen einer Essstörung, der sogenannten Binge-Eating-Störung (BES), verknüpft. Aus diesem Grunde wird im folgendem ausführlicher auf diese spezifische Komorbidität und die sich daraus ergebenden therapeutischen Implikationen eingegangen.

10.2 Einführung zur Binge-Eating-Störung (BES)

Bei einer Subgruppe adipöser Patienten besteht zusätzlich eine Essstörung, die als Binge-Eating-Störung (BES) bezeichnet wird. Hierbei kommt es wiederholt zu Heißhungerattacken, bei denen – begleitet von einem Gefühl des Kontrollverlusts – große Nahrungsmengen verschlungen werden. Im Gegensatz zur Bulimie kommt es bei den Betroffenen jedoch nicht zu Kompensationsverhalten wie beispielsweise Erbrechen, Abführmitteleinnahme oder exzessives Bewegungsverhalten (▶ Kap. 10.3).

Die Prävalenz adipöser Patienten, die ein Gewichtsreduktionsprogramm aufsuchen und gleichzeitig an einer BES leiden (klinische Population), wird mit 20–30 % angegeben (Treasure et al. 2010; de Zwaan 2002). Hay (1998) sowie Kinzel und Mitarbeiter (1999) beschreiben, dass Essanfälle im Sinne einer BES bei adipösen Patienten mindestens doppelt so häufig vorkommen wie in der Normalbevölkerung. Ebenso wächst mit der Höhe des BMIs die Wahrscheinlichkeit für das Vorliegen einer BES (Telch et al. 1988; Hay 1998).

Studien zur Prävalenz von Patienten mit einer BES und komorbiden Adipositas kommen auf Raten zwischen 65 % und 70 % (Grucza et al. 2007; Striegel-Moore et al. 2001). Somit scheint es eine engere Verbindung zwischen Adipositas und BES zu geben, wobei bisher noch ungeklärt ist, ob BES eine Ursache oder eher eine Folge von Übergewicht und Adipositas ist (Tanofsky-Kraff et al. 2013).

10.3 Klassifikation und diagnostische Kriterien der BES

In den Fokus der Wissenschaft gelangte die BES erst 1994, nachdem in der vierten Ausgabe des amerikanischen Klassifikationssystems psychiatrischer Störungen (DSM-IV) erstmals Forschungskriterien für die Binge-Eating-Störung formuliert wurden. Sie war damals damit allerdings noch nicht als eigenständige Diagnose anerkannt. Erst in der aktuellen Neuauflage, im DSM-5 (American Psychiatric Association 2013), ist sie als eigenständige Diagnose aufgeführt. Die diagnostischen Kriterien sind im folgenden Kasten zusammengefasst.

Kriterien der Binge-Eating-Störung (BES) nach DSM-5

A: Wiederholte Episoden von Essanfällen.
   Eine Episode von Essanfällen ist durch beide der folgenden Kriterien charakterisiert:

1. Essen einer Nahrungsmenge in einem abgrenzbaren Zeitraum (z. B. in einem zweistündigen Zeitraum), die definitiv größer ist, als die meisten Menschen in einem ähnlichen Zeitraum unter ähnlichen Umständen essen würden
2. Das Gefühl des Kontrollverlusts über das Essen während der Episode (z. B. ein Gefühl, dass man mit dem Essen nicht aufhören kann bzw. nicht kontrollieren kann, was und wieviel man isst)

B: Die Episoden von Essanfällen treten gemeinsam mit mindestens drei der folgenden Symptome auf:

- Wesentlich schneller essen als normal
- Essen bis zu einem unangenehmen Völlegefühl
- Essen großer Nahrungsmengen, wenn man sich körperlich nicht hungrig fühlt
- Allein essen aus Scham über die Menge, die man isst
- Ekelgefühle gegenüber sich selbst, Deprimiertheit oder große Schuldgefühle nach dem übermäßigem Essen

C: Es besteht deutliches Leiden wegen der Essanfälle.
D: Die Essanfälle treten im Durchschnitt an mindestens einem Tag in der Woche für drei Monate auf.
E: Die Essanfälle gehen nicht mit dem regelmäßigen Einsatz von unangemessenen kompensatorischen Verhaltensweisen einher und treten nicht ausschließlich im Verlauf einer Anorexia nervosa oder einer Bulimia nervosa auf.

Während bei den Forschungskriterien im DSM-IV noch eine durchschnittlich Frequenz von mindestens zwei Essanfällen in der Woche über einen Zeitraum von sechs Monaten gefordert war, hat sich dieses Diagnosekriterium im DSM-5 auf durchschnittlich einen Essanfall in einer Woche über einen Zeitraum von drei Monaten reduziert. Die Forschungsergebnisse zur Diagnose einer BES der vergangenen Jahre haben gezeigt, dass viele Patienten, die unter Essanfällen mit Kontrollverlust leiden und nicht das geforderte Zeitkriterium erfüllen, ausgeprägten Leidensdruck haben und als behandlungsbedürftig identifiziert werden müssen (Wilfley et al. 2007). Aus diesem Grund wurde im DSM-5 die Zeitdauer und Frequenz verkürzt, alle anderen Kriterien der damaligen Forschungsdiagnose sind bestehen geblieben.

10.4 Unterschiede zwischen Adipositas mit BES und Adipositas ohne BES

Adipöse Patienten mit BES unterscheiden sich von Patienten mit alleiniger Adipositas darin, dass sie neben körperlichen Folgeerscheinungen zusätzlich Beeinträchtigungen auf der Verhaltensebene (Essanfälle) und psychischer Ebene wie erhöhte Psychopathologie und ausgeprägte Sorgen bzgl. Figur und Gewicht haben (Schag et al. 2012; Mitchell et al. 2008). Latner und Clyne (2008) beschreiben zusätzlich, dass eine noch ausgeprägtere Unzufriedenheit mit dem Körper, ein geringeres Selbstwertgefühl und insgesamt eine niedrigere Lebensqualität besteht.

Darüber hinaus beschreiben Studienergebnisse, dass Patienten mit Adipositas und BES im Langzeiteffekt eine geringere Gewichtsabnahme in therapeutisch geführten Gewichtsreduktionsprogrammen erzielen, als adipöse Patienten ohne BES (Wilson et al. 2010). Die Autoren konnten zeigen, dass sich dieser Unterschied in der Gewichtsabnahme wieder nivelliert, wenn die Patienten mit Adipositas und BES einem Therapieprogramm zugeführt werden, das neben dem Aufbau von regelmäßiger Ernährung und Bewegung spezifische Interventionen zur Behandlung der Essanfälle und der hohen Körperunzufriedenheit beinhaltet.

Aus diesem Grunde ist es bei adipösen Patienten, die zusätzlich unter einer BES leiden, in der psychotherapeutischen Behandlung indiziert, störungsspezifische Interventionen wie Techniken zur Emotions- und Stressregulation zur Reduktion der Essanfälle, einzusetzen (▶ Kap. 10.8).

10.5 Epidemiologie

Die Prävalenz der BES schwankt in der Allgemeinbevölkerung zwischen 0,7 und 4 Prozent und steigt bei Menschen, die an einem Gewichtsreduktionsprogramm teilnehmen, bis auf 30 % an. Frauen sind etwa 1,5 Mal häufiger betroffen als Männer (De Zwaan 2002). Schwierigkeiten bei der Messung der epidemiologischen Daten ergeben sich daraus, dass die BES bisher nicht einheitlich mittels strukturierter Verfahren erfasst wird. In Studien, in denen die BES-Diagnose aufgrund der Ergebnisse von Selbstbeurteilungsfragen gestellt wurde, wird die Häufigkeit oft überschätzt. Wurden die Kriterien der BES hingegen anhand der Richtlinien des DSM-IV erfragt, so ergibt sich eine wesentlich geringere Prävalenzrate (Williamson und Martin 1999; Hudson et al. 2007). Fraglich ist derzeit auch, ob durch das reduzierte Zeit- und Frequenzkriterium im DSM-5 zukünftig ein Anstieg in der Prävalenzrate zu erwarten ist. Eine Studie von Hudson und Mitarbeitern (2012) zu dieser Fragestellung lässt derzeit eher vermuten, dass der Einfluss der revidierten Diagnosekriterien auf die Prävalenzrate gering sein wird.

10.6 Ätiologie

Die Ätiologie der BES ist weitgehend noch unklar, gesicherte Erkenntnisse liegen nicht vor. Analog zu Ätiologiemodellen anderer psychischer Störungen ist

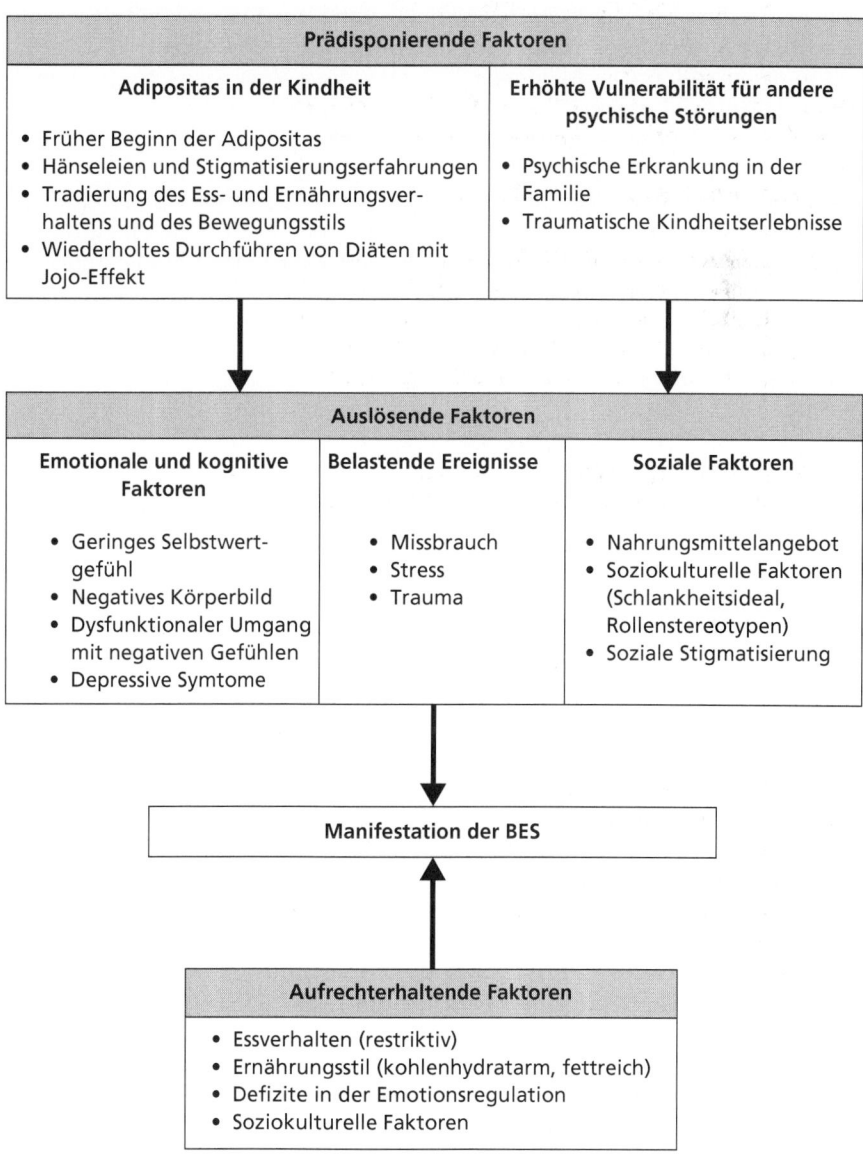

Abb. 10.1: Multifaktorielles Ätiologiemodell der BES modifiziert nach Munsch (2003)

von einem Zusammenwirken von genetischen, persönlichkeitsbezogenen und gesellschaftsbedingten Faktoren auszugehen. Es scheinen bei der BES jedoch zwei Gruppen von Risikofaktoren eine besondere Rolle zu spielen: zum einen Faktoren, die allgemein das Risiko für psychische Störungen erhöhen, zum anderen solche, die das Risiko für Übergewicht steigern. Hierbei kommt dem Zusammenwirken von Übergewicht in der Kindheit und abwertenden Bemerkungen und Hänseleien der Familie über Figur, Gewicht und Aussehen eine zentrale Bedeutung zu. Derartige biografische Bedingungen treten bei Patienten mit BES häufiger auf als bei normalgewichtigen und adipösen Menschen (Fairburn et al. 1998; Jackson et al. 2000). Die Abbildung 10.1 fasst diese Vorstellung zu einem multifaktoriellen Ätiologiemodell der BES zusammen. Dabei wird zwischen prädisponierenden, auslösenden und aufrechterhaltenden Faktoren unterschieden. Eine strikte Trennung zwischen diesen Faktoren ist jedoch nicht möglich, da im Verlauf einer BES verschiedene auslösende Bedingungen gleichzeitig auch zu aufrechterhaltenden Variablen werden können. Anzumerken ist allerdings, dass es derzeit noch wenig gesicherte Erkenntnisse und kontrollierte Studien über die Validität eines solchen Modells gibt, sodass dessen Repräsentativität noch nicht ausreichend überprüft ist.

10.7 Verlauf und Prognose

Die bisherigen Studien zum Verlauf einer unbehandelten BES sind kontrovers und widersprüchlich, da es sehr unterschiedliche Ergebnisse zur zeitlichen Stabilität und Spontanremission der Symptomatik gibt. Cachelin und Mitarbeiter (1999) beschreiben in ihrer Studie, dass von 21 Patienten, bei denen eine BES diagnostiziert wurde, elf (52 %) nach sechs Monaten noch alle Kriterien erfüllten. Bei den übrigen zehn waren noch Restsymptome vorhanden, eine vollständige Spontanremission zeigte sich bei keinem. Eine etwas größer und länger andauernd angelegte Untersuchung von Fairburn et al. (2000) hingegen konnte bei 40 Patienten mit einer diagnostizierten BES zeigen, dass nach fünf Jahren nur noch sieben Patienten (18 %) irgendwelche essstörungsspezifischen Symptome hatten, was eher für das Vorliegen einer hohen Spontanremissionsrate bzw. einer deutlichen Variabilität in Ausprägung und Frequenz spricht. Allerdings war die Patientenstichprobe im Mittel sehr jung und die Rate der vorliegenden komorbiden Adipositas mit 21 % unterdurchschnittlich ausgeprägt. In der Langzeitbeobachtung von Patienten mit einer unbehandelten BES zeigt sich nämlich, dass ein hohes Risiko besteht, mit der Zeit Übergewicht und nachfolgend eine Adipositas zu entwickeln. Im Mittel kommt es zu einer Zunahme von 4,2 kg innerhalb von fünf Jahren (Agras et al. 1995). Die Ergebnisse der Verlaufsstudie von Fichter et al. (1998) sprechen ebenfalls für eine Variabilität der BES-Symptomatik über die Zeit. Von 68 weiblichen BES-Patienten erfüllten nach sechs Jahren nur noch 5,9 % dass Vollbild der Störung, 7,4 % entwickelten eine Bulimie und weitere 7,4 % eine nicht näher bezeichnete Essstörung (Essstörung NNB). Somit wurde bei knapp 80 % keine Essstörungssymptomatik (nach DSM-IV) mehr diagnostiziert. Zwölf Jahre später waren es noch 67 % ohne eine Essstörungsdiagnose, 9,4 % hatten eine bulimische Symptomatik, 12,5 % eine Essstörung nicht näher bezeichnet (NNB) entwickelt und 7,8 % erfüllten weiterhin das Vollbild. Die Ergebnisse einer neueren Studie (Peterson et al. 2012), die den Verlauf von Binge-Eating-Episoden bei 288 Frauen mit einer Essstörung (Anorexie, Bulimie und BES) über einen Zeitraum von zwei Jahren beobachtete, weisen in eine ähnliche Richtung von Variabilität der Binge-Eating-Episoden.

Die Langzeitstudie von Crow und Mitarbeitern (2002) spricht wiederum für mehr zeitliche Stabilität der BES. Die Autoren untersuchten über mehrere Jahre 104 Patienten mit einer BES und stellten fest, dass nach einem Jahr noch 64 % der Patienten die meisten Kriterien einer BES, – überwiegend auch das Vollbild – erfüllten. Nach drei Jahren waren es noch 53 % der Patienten.

Untersucht man retrospektiv den Verlauf von Patienten mit einer BES, die eine Behandlung aufsuchen, scheint es eher so zu sein, dass die Symptomatik über die Jahre in der Ausprägung stabil geblieben ist (Pope et al. 2006). Spätere Ergebnisse von Fichter und Mitarbeiter (2008) sprechen ebenso für ein eher stabiles Syndrom der BES. 12 Jahre nach einer stationären Behandlung erfüllten noch 36 % der Patienten die diagnostischen Kriterien einer BES.

Insgesamt ist die Datenlage jedoch noch ziemlich unzureichend und widersprüchlich, sodass kaum fundierte Aussagen zum Verlauf und zur Prognose der BES gemacht werden können.

10.8 Psychotherapeutische Behandlungsansätze

Der bisher am besten untersuchte Therapieansatz bei BES ist die kognitive Verhaltenstherapie (KVT), die auch über die sichersten Wirksamkeitsbelege verfügt. Daher sollte diese Therapie den Patienten als erste Wahl angeboten werden. Über die Wirksamkeit der interpersonellen Therapie (IPT) besteht ebenfalls Evidenz und in etwas geringeren Maße für die tiefenpsychologisch fundierte Psychotherapie (Vocks et al. 2011). Darüber hinaus liegen für angeleitete, manualisierte Selbsthilfe mit Behandlungselementen der KVT Effektivitätsnachweise vor, sodass auch diese Therapieform empfohlen werden kann. Die Inhalte der strukturierten Selbsthilfe entsprechen weitestgehend denen der KVT. In ihrem Selbsthilfebuch »Das Leben verschlingen?« hat Simone Munsch (2011) verschiedene Arbeitsmaterialien zusammengestellt, in denen Informationen zur BES sowie Strategien zur Überwindung von Essanfällen dargestellt sind.

Zur psychotherapeutischen Behandlung der BES bei Adipositas veröffentlichten Hilbert und Tuschen-Caffier (2010) ein praxisorientiertes Behandlungsmanual, das neben einem Theorieteil aus einem therapeutischen Leitfaden besteht und sich auf aktuelle evidenzbasierte Ergebnisse der Therapieforschung für die BES bezieht.

Der Leitfaden umfasst insgesamt 25 Einzelsitzungen, die über drei Behandlungsphasen verteilt sind. In adaptierter Form, die ausführlich beschrieben wird, kann das Manual auch für Gruppentherapien genutzt werden.

Die erste Behandlungsphase (Modul zum Essverhalten) beinhaltet den Aufbau eines gesunden Essverhaltens unter Anwendung von Interventionen wie z. B. Self-Monitoring und Ernährungsmanagement. Die zweite Behandlungsphase (Modul zum Körperbild und Modul zum Stressverhalten) dient der Erhöhung der Körperakzeptanz durch Bearbeitung dysfunktionaler Kognitionen über Figur und Gewicht sowie durch Figurkonfrontation mit Hilfe von Spiegelexposition. Daneben steht die Bewältigung individueller störungsrelevanter Probleme durch Interventionen zum Stressmanagement oder zur Affektregulation im Vordergrund. Die dritte Behandlungsphase schließlich zielt auf die Aufrechterhaltung des bisher Gelernten und die Rückfallprophylaxe ab. Die modulare Struktur gibt einen Anhaltspunkt für die mögliche Verteilung der Therapieinhalte, lässt es aber zu – je nach individueller Problemlage des Patienten – Inhalte einer Sitzung flexibel zu gestalten. Eine beigelegte DVD mit Arbeits- und Informationsblättern für Patienten bietet eine zusätzliche Unterstützung für die Umsetzung der Inhalte.

11 Begleitende Psychoedukation und Psychotherapie nach einer bariatrischen Operation

Martin Teufel und Beate Wild

11.1 Psychoedukation nach Adipositaschirurgie

Warum psychoedukative Nachsorge nach Adipositaschirurgie?

Zahlreiche Studien belegen den Erfolg von adipositaschirurgischen Interventionen bei der Behandlung von schwer adipösen Patienten. Diese Evidenz und das Versagen konventioneller Verfahren bei schwerer Adipositas führen zu einer zunehmend größeren Inanspruchnahme. Das Ausmaß des langfristigen Erfolges der bariatrischen Chirurgie ist abhängig von psychischen Variablen, wie Essverhalten und Depressivität (Rieber et al. 2010b). Letztlich stellt das Aufrechterhalten der Gewichtsreduktion die größte Herausforderung bei der Therapie der Adipositas dar. Patienten nach bariatrischer Operation erreichen im Mittel nach einem Jahr die höchste Gewichtsreduktion. Diese liegt je nach chirurgischem Verfahren und Patientenkonstellation idealerweise bei etwa 40–60 % EWL (excess weight loss; prozentualer Verlust des Übergewichts). Danach beginnt eine langsame Gewichtszunahme (Sjostrom et al. 2007). Ein ausschließlich somatischer Behandlungsansatz scheint das Problem der schweren Adipositas nur teilweise zu erfassen. Ca. 30 % der schwer adipösen Patienten leidet unter psychischen Begleiterkrankungen (z. B. Depression, Soziale Phobie und Essstörungen). Patienten weisen z. T. nach einer bariatrischen Operation bei der Umsetzung von Verhaltensänderungen Probleme auf. Studien zu postoperativen Patientenschulungen deuten darauf hin, dass eine postoperative Psychoedukation nicht nur die Lebensqualität, sondern auch die Gewichtsreduktion signifikant positiv beeinflusst (Rieber et al. 2010b). Eine standardisierte, multidisziplinär praktizierte Nachsorge nach Adipositaschirurgie ist deshalb zumindest bei Patienten mit erhöhter Vulnerabilität notwendig.

Im Folgenden wird das BaSE-Programm (Bariatric Surgery and Education) vorgestellt, wie es in Tübingen und Heidelberg entwickelt und in einer großen Interventionsstudie überprüft wurde (Hain et al. 2010; Hain et al. 2011; Teufel et al. 2012). Es handelt sich hierbei um ein Programm, bei dem der Schwerpunkt auf psychoedukativen Techniken liegt und der Anteil gezielter psychotherapeutische Interventionen eher gering ausfällt.

11.1.1 Manualstruktur BaSE (Bariatric Surgery and Education)

Dauer der Nachsorge, Sitzungsfrequenz und Setting

Die strukturierte psychoedukative Nachsorge erfolgt in Gruppen mit 6-8 Teilnehmern über ein Jahr postoperativ. Der Einjahreszeitraum folgt der Rationale, dass vor allem im ersten Jahr eine ausgeprägte Anpassungsleistung notwendig ist, und die Compliance besonders unterstützt werden muss. Essstörungsspezifische maladaptive Verhaltensweisen treten vermehrt nach einem Sechs-Monats-Zeitraum postoperativ wieder auf und persistieren häufig, wenn keine gezielte Intervention erfolgt. Auch bieten die ersten beiden Jahre nach Operation die größte Chance für eine Lebensstiländerung und eine Verbesserung psychosozialer Kompetenzen. Insgesamt erhalten die Teilnehmer 14 Sitzungen Psychoedukation, wobei die ersten vier Sitzungen 14tägig, anschließende Sitzungen in vierwöchentlichem Rhythmus stattfinden. Ziel eines anfänglich höherfrequenteren Settings ist die Stärkung der Gruppenkohärenz, die einen deutlichen Effekt in Gewichtsabnahmeprogrammen zu haben scheint (Hain et al. 2010). Es besteht die Möglichkeit, bestimmte Sitzungen über videokonferenzbasierte Gruppensitzungen zu führen.

Sitzungsablauf

Jede Sitzung setzt sich aus einem informativen, einem instruktiven und einem übenden Teil zusammen. Die Patienten werden durch strukturierte Tagebucharbeit zur Selbstaufmerksamkeit, zum Erkennen und Einbringen individueller Problemstellungen und zur Erarbeitung von Lösungswegen in der Gruppendiskussion angeleitet. Hilfreich ist eine grafische Rückmeldung in Form einer Gewichtskurve, welche die Patienten führen (AB 6 »Gewichtskurve mit Anleitung«).

Nächste Schritte (Hausaufgaben)

In den Gruppensitzungen wird viel Raum für Wahrnehmungen und Veränderungswünsche im Alltag gegeben. Vereinbarte Veränderungsschritte sollen zwischen den Sitzungen regelmäßig geübt werden. Erfolge und Schwierigkeiten werden in der folgenden Sitzung besprochen und bearbeitet.

Interdisziplinarität

Bei den einzelnen Behandlungsbausteinen wirken Psychotherapeuten, Ernährungsfachkräfte, Physiotherapeuten und Chirurgen zusammen. Im Rahmen der Psychoedukation sollen Patienten möglichst aktiv ihre Fragen stellen können und fachliche Information erhalten.

11.1.2 Inhalte und Themen des Manuals

Als Leitgedanke und Zieldefinition der Intervention kann die folgende Zusammenfassung dienen: Körperliche Veränderungen verstehen, die Achtsamkeit für psychische Prozesse im Zusammenhang mit dem Eingriff stärken und damit Selbstwirksamkeit vermehren und Compliance sichern.

Das Manual (▶ Tab. 11.1) baut auf den oben beschriebenen Erkenntnissen auf, dass eine längerfristige Gewichtsreduktion und Gewichtsstabilisierung besser erreicht werden kann, wenn Prozesse des Umgangs mit Ernährung, Bewegung, Stress und neuen sozialen Möglichkeiten bewusst vollzogen werden. Lebensstiländerungen sollten dabei durch verbesserte Selbstwahrnehmung und Steuerungsfähigkeit möglich werden.

Postinterventionelle Information und Edukation

Viele Patienten haben Bedarf nach mehr Information als in den strukturierten chirurgischen Visiten gegeben werden kann. Durch fortgesetzte Aufklärung gelingt es Betroffenen besser, eine neue Sicherheit bezüglich der veränderten physiologischen Reaktionen und des veränderten Körpergefühls zu bekommen. Diesem Informationsbedürfnis, das sich im Laufe der Behandlung kontinuierlich verändert, wird in jeder Sitzung Rechnung getragen. So wird ein wichtiger Beitrag zur Compliance-Sicherung geleistet.

Ernährung und Ernährungsumstellung

Es werden die notwendigen Ernährungsumstellungen nach bariatrischer Operation adressiert. Durch ein verkleinertes Magenvolumen sind Patienten gezwungen, ihre bisherigen Ernährungsgewohnheiten umzustellen und bewusster und kontrollierter zu essen. Durch eine begleitete Ernährungsumstellung können Risiken der Adipositaschirurgie gemindert und Chancen für eine dauerhafte Gewichtsstabilisierung gesichert werden. Vor allem in den ersten beiden Sitzungen sollen Hilfestellungen gegeben werden, um diese Umstellung besser zu bewältigen. Es erfolgt eine umfassende Ernährungsberatung, auch anhand von individuellen Ernährungstagebüchern (AB 5 »Ernährungsprotokoll mit Anleitung«). Essenziell ist die Etablierung einer festen Struktur und Anpassung der Nahrungsmenge an die neuen anatomischen Verhältnisse. Außerdem wird über »Nebenwirkungen« der Nahrungsaufnahme wie Übelkeit, Erbrechen oder Dumping-Probleme aufgeklärt und wie mit diesen umgegangen bzw. wie diesen vorgebeugt werden kann. Patienten erhalten Informationen zu einer gesunden ausgewogenen Ernährung. Umstellungsschritte der einzelnen Patienten werden in der Gruppe besprochen und mögliche Schwierigkeiten im familiären und Arbeitsplatzumfeld antizipiert. Fragen zur Ernährungsumstellung werden im Verlauf der Intervention immer wieder aufgegriffen. Außerdem wird versucht, gegebenenfalls einer unzureichenden Gewichtsabnahme oder einer fehlenden Gewichtsstabilisierung nach initialer Abnahme gerecht zu werden. Derartige Befunde können Folge eines anhaltenden Kontrollverlustes bei der Nahrungsaufnahme sein, was die Einübung einer bewussten und kontrollierten Nahrungsaufnahme erschwert. Hinweisen auf Kontrollverlust wird individuell nachgegangen. Diese finden sich z. B. in einer Verschiebung der Nahrungsaufnahme auf die Nacht (»Nighteating«) oder in einer ununterbrochenen Nahrungsaufnahme am Tag (»Grazing«, »Picking« oder »Snacking«).

Bewegungsanleitung und körperliche Aktivität

Die Einübung einer regelmäßigen und befriedigenden körperlichen Bewegung ist unabdingbar für den gewichtsbezogenen Behandlungserfolg sowie dessen Stabilisierung, hat aber auch eine thymoleptische Wirkung. Da bei schwer adipösen Patienten positive Erfahrungen mit Bewegung weiter zurückliegen können, müssen individuelle und effektive Bewegungsziele erarbeitet werden (▶ Kap 6.2). Viele Patienten benötigen über einen längeren Zeitraum eine strukturierte Unterstützung, um effektive Bewegungsziele aufrecht erhalten zu können. Wegen der gelenkschonenden Bewegungsabläufe wird Nordic Walking empfohlen und in zwei Übungsstunden praktisch erfahrbar gemacht. Bewusst werden zu Beginn nur einfache Bewegungsabläufe eingeübt, um in kurzer Zeit erste Erfolgserlebnisse zu ermöglichen. Im Verlauf wird zwischen verschiedenen Bewegungsarten, z. B. Nordic Walking, Rad fahren und Schwimmen nach individuellen Bedingtheiten variiert. Es erfolgt eine strukturierte Motivationsarbeit, z. B. kürzere Wege wenn möglich ohne Auto zurückzulegen (Arbeitsblatt 11 »Information zur körperlichen Bewegung«).

Psychosoziale Fertigkeiten und Stressmanagement

Adipositas und deren Folgen (z. B. Schmerzen im Bewegungsapparat, Einschränkungen der Atemkapazität und der allgemeinen Leistungsfähigkeit) führen zu anhaltendem Stress. Bei Patienten mit schwerer Adipositas und Impulskontrollschwierigkeiten ist die Stresswahrnehmung erhöht. Gleichzeitig ist nicht selten die kontrollierte oder unkontrollierte Nahrungsaufnahme die einzige Möglichkeit, auf Stress zu reagieren und unangenehme Gefühlszustände zu regulieren. Die Adipositas wird von einem großen Teil der Patienten als soziale Einschränkung oder Behinderung erlebt, Stigmatisierungs- und Ablehnungserfahrungen, wie etwa bei Bewerbungsgesprächen, festigen sozial-phobische und depressive Tendenzen der Verarbeitung von Beziehungserfahrungen. Patienten erlernen im Rahmen der Sitzungen Stressmanagementstrategien und erkennen Zusammenhänge zwischen Belastung und Essverhalten. Besonderes Augenmerk kommt der Vermittlung eines imaginativen Entspannungsverfahrens zu.

Selbstfürsorge und Umgang mit sozialen Konflikten

Ein Teil der Patienten identifiziert sich mit der Rolle des »Für-alle-Sorgenden« (»Care- Taker«) und »Streit-Schlichters« (»Calming Person«) in der Familie bzw.

im System und stellt diese Situation in späteren Beziehungen immer wieder her. Im Rahmen der Intervention wird versucht, einer fehlenden Selbstfürsorge entgegen zu wirken und Patienten werden motiviert, andere Selbstverstärkungsstrategien als Nahrungsaufnahme zu überprüfen und anzuwenden. Probleme in sozialen Interaktionen, der Umgang mit Ärger, Neid und Enttäuschungen werden anhand individueller Beispiele besprochen und in der Gruppe kritisch reflektiert. Alternative Verhaltens- und Denkmuster sollen angeregt werden (Arbeitsblatt 35 »Selbstfürsorge«; Arbeitsblatt 36 »Meine sozialen Beziehungen«).

Körperbild

Da die Patienten durch die Gewichtsreduktion in sehr kurzer Zeit eine wesentliche Veränderung ihrer äußeren Erscheinung erleben und sich daran anpassen müssen, ist das veränderte Körperbild ein wichtiges Thema. Ein positives Körperschema kann sich zudem günstig auf die Gewichtsreduktion und die Gewichtsstabilisierung auswirken. Die Patienten setzen sich bewusst mit ihrem Körperschema auseinander und reflektieren ihre bisherige Einstellung zu ihrem Körper. Dabei sollen vor allem die Erfolge, die die Patienten nach der Operation erreicht haben, in den Vordergrund gestellt werden, um eine positive Einstellung zum Körper zu erzielen. Patienten werden angeleitet, Veränderungen an ihrem Körper bewusst wahrzunehmen, um so die Akzeptanz des Körpers zu verbessern. Hilfreich kann der Einsatz eines Körperbildtagebuchs sein, in das Patienten negative Gedanken und Gefühle hinsichtlich ihres Körpers notieren, um anschließend in der Gruppe alternative Sichtweisen zu erarbeiten. Nach erfolgreicher Gewichtsreduktion rücken bei einem großen Teil der Patienten kosmetische Fragen in den Vordergrund, die ebenfalls mit Fragen an die Chirurgie und mit psychischen Prozessen verbunden sind (Arbeitsblatt 25 »Mein Körperbild«).

Rückfallprophylaxe

Am Ende der psychoedukativen Behandlung steht eine individuelle Rückfallprophylaxe: Wichtig ist die positive Verstärkung (»Lob«) des Erreichten. Kritische Bereiche wurden im vergangenen Jahr erfahren und der konstruktive Umgang mit ihnen erarbeitet. Diese Lösungsstrategien werden für mögliche zukünftige Krisen adaptiert. Außerdem werden Perspektiven für das kommende Jahr entwickelt (Arbeitsblatt 37 »Information zum Umgang mit Rückfällen«, Arbeitsblatt 38 »Was tun, wenn Rückschläge eintreten«, Arbeitsblatt 39 »Strategien zur Gewichtsstabilisierung«).

Tab. 11.1: Struktur und Inhalt der psychoedukativen Therapie nach Adipositaschirurgie.

Sitzung	Sitzungsthemen	Sitzungsziele
1	Ernährung nach OP	• Erlernen und Etablieren von neuem Essverhalten • Selbst-Monitoring
2	Leben mit Magenverkleinerung	• Problematisierung • Hinführung auf eine längerfristig gesunde Ernährung
3	Stress – was macht er mit uns und wir mit ihm?	• Erkennen von Stress und Emotional Eating • Erlernen eines Entspannungsverfahrens • Selbst-Monitoring
4	Bewegungstraining-Einführung	• Theoretische Grundlagen für ein gesundheitsförderliches Bewegungstraining • Praktische Übung in Nordic Walking
5 und 6	Selbstfürsorge und angenehme Tätigkeit	• Bewusstsein für angenehme Tätigkeiten stärken • Bewusste Nahrungsaufnahme • Funktionalität von Nahrung
7	Körperbild	• Stärkung des Körperbewusstseins • Umgang mit Perfektionismus und der Veränderung des Körpers nach der OP
8	Umgang mit sozialen Konflikten (1/2)	• Erkennen von schwierigen Situationen (»Ärgersituationen«)
9	Selbstfürsorge	• Bewusstsein für Basisbedürfnisse stärken • Vermittlung der Prinzipien für Schlafhygiene • Kritische Diskussion des Fernseh- und Computerkonsums
10	Stress und Umgang mit sozialen Konflikten (2/2)	• Erkennen und Bearbeiten von schwierigen Situationen (»Ärgersituationen«) • Vermittlung von Copingstrategien
11	Entspannung – in der Ruhe liegt die Kraft	• Rückmeldung • Auffrischung des erlernten Entspannungsverfahrens
12	Bewegung – der Weg ist das Ziel	• Aufrechterhaltung der Bewegung im täglichen Leben
13 und 14	Ernährung und Rückfallprophylaxe	• Erfolge rückmelden • Persönliches Risikoprofil erstellen • Schritte der Gewichtserhaltung • Rückfallprophylaxe

11.2 Psychotherapie nach Adipositaschirurgie

Psychotherapie nach Adipositaschirurgie – wann und für wen?

Psychotherapie nach Adipositaschirurgie zielt auf die Untergruppe der Patienten, die eine psychische Störung oder ein wahrnehmbares Risiko dafür aufweisen. Im Folgenden werden psychotherapeutische Strategien in der Behandlung von Menschen nach bariatrischer Operation dargestellt. Die dargestellten Herangehensweisen wurden adaptiert an das im Center for Behavioral Change in Richmond Virginia von Ronna Saunders und Kollegen entwickelte Compulsive Eater's Program for Bariatric Surgery Patients (CEP-B). Mit den vorgeschlagenen Therapieinhalten wird versucht, Patienten mit erhöhtem Risiko hinsichtlich psychischer Beschwerden gerecht zu werden. Auch Patienten mit einem geringeren Gewichtsverlust, mit Schwierigkeiten beim Halten des Gewichtsverlusts sowie fortdauernden Schwierigkeiten in der Adaptation des Essverhaltens und der Ernährung mit Kontrollverlusterleben und Nahrungscraving gehören zur Zielgruppe, die einer postoperativen Psychotherapie bedürfen (Saunders 2004; Saunders 2012).

11.2.1 Struktur der Therapie

Die Therapie ist angelegt auf die Dauer von ca. einem Jahr. Es werden verschiedene Phasen durchlaufen (▶ Abb. 11.1), im Rahmen derer zunächst über 12–16 Wochen wöchentlich 90-minütige Gruppensitzungen für 6–8 Teilnehmer stattfinden (Phase I). Danach finden über jeweils ca. sechs Monate monatliche Sitzungen statt (Phasen II und III). Die Gruppen sind in der Regel geschlossen. Phase I stellt den zentralen Therapiebaustein dar. Ein Teil der Patienten profitiert von Phase II und führt die Therapie in niedriger Frequenz fort. Bei nur wenigen Patienten ist eine längerfristige Gruppentherapie indiziert (Phase III), bei der zum einen der Notwendigkeit einer »Extended Care« beim Aufrechterhalten des Gewichtsverlust gerecht wird, als auch fortdauernden kritischen Situationen im Zusammenhang mit Essen und Gewicht. In diesem Phase III-Setting ist es auch denkbar, dass Patienten kurzfristig wiedereinsteigen, wenn nach bereits beendeter Gruppenbehandlung neuerliche Schwierigkeiten entstehen.

Die vorgestellten Themen und Inhalte in Abbildung 11.1 können ggf. auch in Einzeltherapien adaptiert angewendet werden.

Abb. 11.1: Phasen der postoperativen Psychotherapie nach bariatrischer Operation

11.2.2 Inhalte und Themen

Phase I:

1. Essverhalten
   Klarer Fokus in dieser Phase liegt auf dem Umgang mit dem Essverhalten. Als Anfangsziel wird die Unterbrechung des Kreises des maladaptiven Essverhaltens festgelegt. Dysfunktionale Verhaltensmuster werden z.B. durch Essprotokolle identifiziert und bearbeitet (AB 5 »Ernährungsprotokoll mit Anleitung«). Es erfolgt eine Differenzierung zwischen Hunger und Verlangen nach dem Essen und deren Verbindung zu veränderten körperlichen Signalen nach Operation. Neben der Identifikation von Hinweisreizen sollen spezifische individuelle und gruppenbezogene Strategien erarbeitet werden, die helfen Verlangen zu widerstehen und alternative Aktivitäten zum Essen in den Alltag zu integrieren.
2. Dysfunktionale Gedanken
   Dysfunktionale spezifische Gedanken werden identifiziert. Mittels Umstrukturierungstechniken werden negative Kognitionen bearbeitet. Zentrale Themenbereiche in diesem Zusammenhang sind z.B. Selbstwertgefühl, Angst und Depression, Alles-oder-Nichts-Denken, Übergeneralisierung, Angst vor Gewichtszunahme, unrealistische Erwartungen.
3. Emotionen
   Viele Betroffene kennen Nahrungsaufnahme aus der Zeit vor Operation als dysfunktionale Entspannungstechnik. Nach der bariatrischen Operation können diese Betroffenen Essen schlagartig nicht mehr in dieser Art zur Stress- und Emotionsregulation einsetzen und stehen vor der oft großen Herausforderung, mit Stress und Anspannungszuständen anderweitig umzugehen. Ziel ist es, Affekte frühzeitig und adäquat wahrzunehmen und diese regulieren zu lernen. Häufig sind auch interpersonelle Schwierigkeiten von Relevanz, die ihrerseits zu emotionalen Problemen führen und in diesem Zusammenhang bearbeitet werden. Zentrale Emotion kann auch die Trauer um den Verlust der Beziehung zum Essen sein und sollte aus diesem Grund ausreichend Raum finden.

Phase II:

In dieser Phase werden über das Essverhalten und damit verbundene Themen hinausgehende Bereiche bearbeitet. Patienten werden ermutigt, eigene aktuelle Themen einzubringen. Dabei geht es um die erlebten und erfahrenen Veränderungen und Zustände im »Hier und Jetzt«. Es werden aktuelle individuelle und gruppenspezifische Fragestellungen, Umgangsweisen und Empfindungen besprochen. Dabei geht es um eine Weiterentwicklung der in Phase I erarbeiteten Punkte in einer metaperspektivischen Reflexion. Es werden die hintergründigen und zum Teil bedingenden und/oder aufrechterhaltenden Bereiche tiefer analysiert und bearbeitet auf der Grundlage der in der Gruppe relevanten Themen. Diese Themen umfassen zumeist weitere Erwartungen bezüglich des Gewichts, aber auch sämtlicher Lebensbereiche, bereits stattgehabte oder noch zu planende/geplante Veränderungen im Leben, Selbstbewusstsein, Selbstfürsorge, Umgang mit Stigmatisierungserfahrungen (auch Selbststigmatisierung) und Körperbild (-veränderungen). Im Gruppenprozess ist es ein Ziel, Fortschritte im der verspürten interpersonalen Effektivität zu erreichen.

Phase III:
Dieser Phase kommt überwiegend die Funktion einer »Erhaltungstherapie« zu. Für diejenigen Patienten, die in der Phase des Gewichthaltens wieder an Gewicht zunehmen und (psychische) Schwierigkeiten entwickeln, kann so durch eine verlängerte Behandlung einem Rückfall in alte kognitive Muster und Verhaltensweisen vorgebeugt werden. Auch Patienten, die bereits zurückliegend nach Phase I und II die Psychotherapie beendet hatten, können im Sinne einer Intervallbehandlung wieder einsteigen. Häufig dient Phase III dazu, die Zeit, bis eine Einzelpsychotherapie gefunden werden kann, zu überbrücken.

12 Neurophysiologie und Pharmakologie bei Adipositas

Albrecht Rilk

12.1 Physiologische Regulation der Nahrungsaufnahme

Im *Zentralen Nervensystem* ist der Hypothalamus die wichtigste Region für die Appetitregulation (Murphy und Bloom 2004). Die frühere Hypothese jedoch, dass das Sättigungsgefühl vom ventromedialen Hypothalamuskern kontrolliert wird und der Appetit von der lateralen Region, ist mittlerweile einer sehr viel komplexeren Auffassung über das zugrundeliegende neuronale Netzwerk gewichen (Perry und Wang 2012). An diesem Netzwerk scheinen unter anderem besondere Bahnen innerhalb spezifischer Hypothalamuskerne und verschiedene Modulatoren beteiligt zu sein (Murphy und Bloom 2004; Kalra et al. 1999). In Neuronen des Nucleus arcuatus (ARC) finden sich Rezeptoren für periphere intestinale Hormone, die den Kern durch eine teildurchlässige Blut-Hirn-Schranke erreichen (Perry und Wang 2012). Innerhalb des ARC gibt es zwei distinkte Neuronenpopulationen, die antagonistisch für die Appetitregulation verantwortlich sind: die Proopiomelanocortin (POMC)-Neurone, und die Neuropeptid Y- sowie Agouti-related Peptid-koexprimierenden Neurone (Perry und Wang 2012; Williams et al. 2001; Cone et al. 2001). Signale aus der Peripherie führen zu Verschiebungen der relativen Aktivität der beiden Neuropopulationen und der Sezernierung der betreffenden Neuropeptide, und in der Folge zu verändertem Essverhalten und Energieumsatz (Perry und Wang 2012).

In der *Peripherie* scheint der Gastrointestinaltrakt, das größte endokrine Organ des Körpers, als Quelle diverser Peptidhormone eine wesentliche Rolle in der Appetitregulation zu spielen (Hameed et al. 2009; Chaudri et al. 2008). Offenbar wird das postprandiale Sättigungsgefühl durch ein Kommunikationssystem zwischen Intestinum und Hypothalamus reguliert, und zwar unter wesentlicher Beteiligung einer Reihe intestinaler, endokrin wirksamer Zellen (Perry und Wang 2012). Im Unterschied zu Leptin und Insulin, die den eher mittelfristigen Zustand des Energiehaushalts widerspiegeln, spielen die intestinalen Hormone offenbar eine wesentliche Rolle für die kurzfristige Initiierung und Beendigung der Nahrungsaufnahme (Pournaras und Le Roux 2009; Le Roux et al. 2006).

12.1.1 Hormone und Rezeptoren

- Zu den Stimulatoren der Nahrungsaufnahme gehören die *orexigen* wirkenden zentralen Neuropeptide Neuropeptid Y (NPY), Agouti-related Peptid (AgRP), melaninkonzentrierendes Hormon (MCH) und Orexin, und weiterhin das bisher einzig bekannte periphere orexigene Peptidhormon Ghrelin (Benkert und Hippius 2008, S. 523).
- *Anorexigene Mediatoren* sind u. a. das melanozytenstimulierende Hormon (α-MSH), Corticotropin-releasing Hormon (CRH), Urocortin und Oxytocin, sowie die peripheren Hormone Leptin, Oxyntomodulin (OXM), Glucagon-like Peptid-1 (GLP-1), Cholezystokinin (CCK) und Peptid YY (PYY) (Perry und Wang 2012; Benkert und Hippius 2008, S. 523).
- Weiterhin an der Nahrungsaufnahme beteiligt sind die monoaminergen Neurotransmitter Serotonin, Dopamin und Noradrenalin, sowie Opiate (Benkert und Hippius 2008, S. 523).

Zahlreiche *Rezeptoren* sind ebenfalls an Nahrungsaufnahme beteiligt. Neben den Nahrungsaufnahme-regulierenden Rezeptoren CCKA, Y2R, Y4R und GLP1R (Perry und Wang 2012) scheinen Rezeptoren im adrenergen System eine Rolle für die Gewichtsentwicklung zu spielen. Einige α_1-Rezeptorenblocker zur Blutdrucksenkung induzieren Gewichtszunahme, was auf eine klinische Relevanz des Rezeptors hindeutet. Umgekehrt führt Stimulation von α_2-Rezeptoren ebenfalls zu vermehrter Nahrungsaufnahme, und ein Polymorphismus im α_2-Adrenozeptor ist assoziiert mit einem reduzierten metabolischen Umsatz beim Menschen. (Bray und Ryan 2012)

12.2 Adipositas und Psychopharmaka

Psychopharmaka zählen zu den meist verordneten Medikamenten überhaupt und müssen häufig über viele Monate, oft auch Jahre und Jahrzehnte, eingenommen werden (Himmerich et al. 2005). Gewichtssteigernde Wirkungen sind dabei keineswegs auf wenige Substanzen beschränkt; und wenngleich die Effekte quantitativ erheblich variieren, sind sie eher die Regel als die Ausnahme (Pijl und Meinders 1996). In der psychiatrischen Pharmakotherapie hat eine Gewichtszunahme unter Psychopharmaka großen Einfluss auf die medikamentöse Compliance (Himmerich et al. 2005).

Die einzelnen Psychopharmaka zeigen bezüglich ihrer Wirkung auf das Körpergewicht deutliche Unterschiede. Diese scheinen vor allem durch die unterschiedliche Affinität der Substanzen zum histaminergen H1-Rezeptor bedingt zu sein. Tendenziell führt eine Substanz zu umso mehr Gewichtszunahme, je größer ihre antihistaminerge Wirkung ist (Benkert und Hippius 2011, S. 534).

In den ersten vier Wochen der Behandlung werden wöchentliche, danach vierwöchentliche Gewichtskontrollen empfohlen. Vorbestehendes Übergewicht ist ein Grund zu besonderer Wachsamkeit. Einige Autoren sehen darin jedoch keine spezifische Kontraindikation für den Einsatz gewichtssteigernder Psychopharmaka, weil das Ausgangsgewicht für den weiteren Verlauf keinen prädiktiven Wert habe (Himmerich et al. 2005).

Tab. 12.1: Gewichtsänderung unter Psychopharmaka

Medikamentengruppe	Gewichtszunahme	Gewichtsneutral	Gewichtsabnahme
Antidementiva		Donepezil, Galantamin, Memantine, Rivastigmin	
Antidepressiva	Maprotilin, Mianserin, Mirtazapin, Trazodon, Trizyklika (besonders Amitriptylin)	Agomelatin, Duloxetin, Hypericum, MAOH, SSRI (später auch geringe Zunahme, besonders unter Paroxetin), Venlafaxin	Bupropion
Antipsychotika (▶ Tab. 12.2)			
Anxiolytika und Hypnotika	Pregabalin	Benzodiazepine, Busprion, Opipramol	
Psychostimulanzien			Methylphenidat, Modafinil
Dopaminagonisten		L-Dopa, Pramipexol, Ropirinol	
Stimmungsstabilisierer	Carbamazepin, Lithium, Valproat	Lamotrigin	Topiramat

Quelle: modifiziert nach Benkert und Hippius (2011).

12.2.1 Antidepressiva

Bei Antidepressiva, die 5-HT2- und H1-Rezeptoren antagonisieren, tritt eine Gewichtszunahme offenbar häufiger auf (Benkert und Hippius 2011, S. 50).

Eine große prospektive Kohortenstudie (Kivimäki et al. 2010) fand außerdem, dass die regelmäßige Einnahme von Antidepressiva mit einem etwas erhöhten Risiko für Diabetes mellitus Typ II assoziiert ist.

Die Nationale Versorgungsleitlinie Unipolare Depression (2012) enthält zwar keine Ausführungen zu einer adipositasbezogenen medikamentösen Depressionstherapie, gibt aber folgende Empfehlungen beim Vorliegen einer Komorbidität von Diabetes mellitus Typ II und Depression:

- Bei der Pharmakotherapie der Depression bei Diabetes mellitus sollten substanzspezifische Effekte auf den Diabetes beachtet werden, z. B. der reduzierte Insulinbedarf bei SSRI sowie eine Gewichtszunahme unter Mirtazapin, Mianserin und sedierenden trizyklischen Antidepressiva.
- Wenn bei einer Komorbidität von Diabetes mellitus und depressiver Störung eine Pharmakotherapie vorgesehen ist, sollten SSRI angeboten werden.
- Bei einer Komorbidität von Diabetes mellitus und depressiver Störung sollte eine Psychotherapie zur Verringerung der Depressivität und zur Verbesserung des allgemeinen Funktionsniveaus angeboten werden.

Eine mögliche Alternative scheint Bupropion zu sein, für das es Hinweise auf gewichtsreduzierende Effekte gibt (Croft et al. 2002). Als wichtigste Nebenwirkung ist allerdings ein dosisabhängiges Risiko für Krampfanfälle beschrieben (Benkert und Hippius 2011, S. 83).

12.2.2 Antipsychotika

Antipsychotika-induziertes Übergewicht ist ein wesentlicher Faktor in der Behandlung von Psychosen. Gleichzeitig ist die Wirksamkeit nicht-pharmakologischer Interventionen, aber auch die optimale Intervention zur Begrenzung dieser unerwünschten Wirkung unklar. (Alvarez-Jimenez et al. 2008)

Eine genetische Komponente bei Gewichtszunahme unter antipsychotischer Medikation wird diskutiert. In mehreren Studien fanden sich Hinweise, dass Varianten des Serotonin-2C-Rezeptorgens sowie des Leptingens mit Gewichtszunahme assoziiert sein könnten (Müller et al. 2009).

Nach heute vorliegenden Erkenntnissen sind bei Behandlung mit Clozapin und Olanzapin (▶Tab. 12.2) etwa 10–40 % der Patienten von deutlichen Gewichtszunahmen betroffen (>10 % des Ausgangsgewichtes), nach etwa einem Jahr zeigt sich häufig ein Plateau der Gewichtszunahme. Eine Dosisabhängigkeit der Gewichtszunahme ist für die meisten Antipsychotika eher nicht oder in geringem Umfang belegbar, unter Langzeitbehandlung haben jedoch über 50 % der Patienten einen BMI $\geq 30\,kg/m^2$ (Benkert und Hippius 2011, S. 227).

Zur Therapie der Gewichtszunahme unter Antipsychotika werden Dosisreduktion (soweit vertretbar), Diät und Ernährungsberatung und Umstellung auf ein Antipsychotikum mit geringerem Risiko für Gewichtszunahmen empfohlen. Bei ausbleibendem Erfolg und Ausschöpfung der genannten Maßnahmen kann eine zusätzliche Begleitmedikation z. B. mit Metformin (*off-label* Indikation) erwogen werden (Benkert und Hippius 2012, S. 229 f.).

Tab. 12.2: Gewichtsveränderung unter neuroleptischer Therapie mit Standarddosis

Arzneistoff	Gewichtsveränderung in Kg
Placebo	0 bis -1
Molindon	0 bis -1
Aripiprazol	ca. 0
Ziprasidon	ca. 0
Fluphenazin	0 bis 1
Haloperidol	ca. 1
Nicht-pharmazeutische Th.	1 bis 2
Med.-Kombination	ca. 2
Quetiapin	ca. 2
Risperidon	ca. 2
Chlorpromazin	2 bis 3
Sertindol	ca. 3
Thioridazin	ca. 3
Olanzapin	ca. 4
Clozapin	4 bis 5

Vorhersagewerte für eine Therapiedauer von zehn Wochen nach metaanalytische Auswertung zur Gewichtsveränderung (Daten aus: Veselinovic T, Himmerich H (2010) Antihistaminerge Antipsychotika verursachen Gewichtszunahme. Nervenarzt 81: 329–334)

Tab. 12.3: Empfehlungen zum Monitoring bei Patienten unter antipsychotischer Therapie

	Beginn	4 Wochen	8 Wochen	12 Wochen	Vierteljährlich	Jährlich	Alle 5 Jahre
Anamnese	X					X	
Gewicht (BMI)	X	X	X	X	X		
Taillenumfang	X					X	
Blutdruck	X			X		X	
Nüchternblutzucker	X			X		X	
Blutfette	X			X			X

Quelle: modifiziert nach: Consensus Development Conference on Antipsychotic Drugs and Obesity and Diabetes (2004).

12.3 Antiadiposita

12.3.1 Indikation zur medikamentösen Therapie der Adipositas

Medikamente zur Körperfettreduktion (Antiadiposita) sind seit dem 19. Jahrhundert bekannt. Diesbezügliche pharmakologische Möglichkeiten werden seit etwa 50 Jahren intensiv untersucht, ohne dass bisher ein langfristiger Durchbruch erzielt worden wäre (Rodgers et al. 2012).

Nach Leitlinie ist die medikamentöse Therapie keine primäre Behandlungsform von Übergewicht und Adipositas, da durch Änderung der Ernährung und der Bewegung das Körpergewicht reduziert werden kann. Übergewicht und Adipositas lassen sich grundsätzlich durch das Basisprogramm mittels Ernährungs-, Bewegungs- und Verhaltenstherapie behandeln. Da diese Behandlungsform weitgehend risikofrei und effektiv ist, sollte sie immer eine Pharmakotherapie begleiten. Medikamente kommen erst zum Einsatz, wenn durch Lebensstiländerungen keine oder eine unzureichende Gewichtsabnahme erzielt wird, und eine medikamentöse Therapie soll nur in Kombination mit einem Basisprogramm (Ernährungstherapie, Bewegungstherapie, Verhaltenstherapie) durchgeführt werden. Wenn eine Adipositas medikamentös behandelt wird, soll nur Orlistat eingesetzt werden (Deutsche Adipositas-Gesellschaft et al. 2014). Es ist derzeit in Deutschland auch das einzige zugelassene Antiadipositum und kann nur mit Einschränkungen verordnet werden.

Orlistat

Orlistat blockiert die intestinale Lipase. Der Gewichtsverlust erfolgt zum einen dadurch, dass etwa 30 % des aufgenommenen Fetts nicht resorbiert wird, und zum anderen, weil die damit behandelten Patienten fettreiche Kost vermeiden (Bray und Ryan 2012).

Weniger als 1 % der eingenommenen Dosis wird aus dem Gastrointestinaltrakt resorbiert. Die Wirkung auf die Fettverdauung beginnt nach etwa zwei Tagen, erreicht nach vier Tagen ein Maximum und klingt 2–3 Tage nach dem Absetzen wieder ab (Benkert und Hippius 2011, S. 536).

Die Indikation ist die Behandlung von Übergewicht ab einem BMI >= 28 kg/m^2 bei Vorliegen begleitender Risikofaktoren und gleichzeitiger Einhaltung einer hypokalorischen Diät. Die tägliche Fettaufnahme sollte 60 g nicht überschreiten, da sonst die gastrointestinalen Nebenwirkungen in Form von Steatorrhoen sehr ausgeprägt sein können und eine Stuhlinkontinenz auftreten kann. Dies führt bei 25 % der Patienten zum Abbruch der Behandlung (Benkert und Hippius 2011, S. 536 f.).

Orlistat beeinflusst darüber hinaus die hepatische Metabolisierung anderer Substanzen. Auch Verdachtsfälle von schweren Leberschäden sind in der Literatur beschrieben.

Wegen der schlechten gastrointestinalen Verträglichkeit und des fraglichen langfristigen Nutzens hat der Gemeinsame Bundesausschuss (G-BA) Orlistat als Lifestyle-Medikament eingeordnet. Nach § 34 Abs. 1 Satz 7 SGB V kann es somit nicht zu Lasten der Gesetzlichen Krankenversicherung (GKV) verordnet werden.

Lorcaserin

Lorcaserin wurde Ende Juni 2012 in den USA als Antiadipositum zugelassen. Lorcaserin aktiviert im Gehirn den Serotonin 2C-Rezeptor, über den im Hypothalamus ein Sättigungsgefühl vermittelt wird. Die Indikation ist in den USA vorerst auf Patienten mit einem BMI über 30 kg/m^2 beschränkt. Bei Vorliegen eines weiteren gewichtsrelevanten Risikofaktors wie Hypertonie, Typ-2-Diabetes mellitus oder Hypercholesterinämie ist dort der Einsatz bereits ab einem BMI von 27 kg/m^2 möglich (FDA News Release 2012).

Eine Zulassung für Deutschland liegt derzeit nicht vor.

Phentermin und Topiramat

Diese Wirkstoffkombination ist ebenfalls seit 2012 in den USA zugelassen. In Europa wurde die Zulassung wiederholt abgelehnt, zuletzt im Februar 2013, sodass nur eine *off-label* Gabe möglich ist (European Medicines Agency 2013).

Die beiden Wirkstoffe sind Appetithemmer. Phentermin hemmt den Appetit, indem es Norepinephrin (oder Noradrenalin) im Hypothalamus, der Hirnregion, die das Hungergefühl steuert, freisetzt. Man nimmt an, dass die Wirkung von Topiramat auf der Steigerung des Energieverbrauchs des Körpers sowie der Minderung der Energieeffizienz und des Appetits beruht. Die genauen Wirkungsweisen von Topiramat sind nicht vollständig bekannt (European Medicines Agency 2013).

Es gibt vor allem Bedenken im Hinblick auf die langfristigen Auswirkungen des Arzneimittels auf das Herz und die Blutgefäße, insbesondere aufgrund der Wirkungen von Phentermin, von dem bekannt ist, dass es die Herzfrequenz erhöht, dessen Langzeitwirkungen jedoch unklar sind. Es bestehen außerdem Bedenken im Hinblick auf die langfristigen psychiatrischen Wirkungen (in den Studien wurden Depressionen und Angst berichtet) und kognitiven Wirkungen (wie beispielsweise Gedächtnis- und Aufmerksamkeitsstörungen) im Zusammenhang mit der Topiramat-Komponente (European Medicines Agency 2013).

Weitere gewichtsreduzierende Medikamente

Metformin zeigte neben der bekannten antidiabetischen Wirkung in einigen Studien mit adipösen Patienten auch einen günstigen Effekt auf das Gewicht. Dies macht Metformin interessant bei Patienten mit metabolischem Syndrom. Die Gewichtsabnahme war meist signifikant und lag je nach Studie zwischen einem und 4 kg (Bray und Ryan 2012). Metformin wird auch eingesetzt, um die Gewichtszunahme unter einer Olanzapin-Medikation zu bremsen. In einem Review (Bushe et al. 2009) ergab sich ein gewisser Nutzen von Metformin zur Reduktion oder Verhinderung einer Gewichtszunahme unter antipsychotischer Medikation.

Literatur

Agras WS, Telch C, Arnow B, Eldredge K, Detzer M, Henderson J, Marnell M (1995) Does interpersonal therapy help patients with binge eating disorder who fail to respond to cognitive-behavioural therapy? J Consult Clin Psychol 63: 356–360.

Ahima, RS, Antwi DA (2008) Brain regulation of appetite and satiety. Endocrinol Metab Clin North Am 37: 811–823.

Alvarez-Jimenez M, Hetrick SE, Gonzalez-Blanch C, Gleeson JF, McGorry PD (2008) Non-pharmacological management of antipsychotic-induced weight gain: systematic review and meta-analysis of randomised controlled trials. Br J Psychiatry 193: 101–107.

American Psychiatric Association (2013) Diagnostic and Statistical Manual of Mental Disorders (DSM-5). Arlington: American Psychiatric Publishing.

Arem H, Irvin M (2010) A review of beb-based loss interventions in adults. Obes Rev 12: 236–242.

Becker S, Nieß A, Hipp A, Fritsche A, Gallwitz B, Granderath F, Kramer M, Zipfel S (2006) Adipositas, eine interdiziplinäre Aufgabe. Ther Umsch 63: 509–514.

Bell R, Pliner PL (2003) Time to eat: the relationship between the number of people eating and meal duration in three lunch settings. Appetite 41: 215–218.

Belobrajdic DP, Bird AR (2013) The potential role of phytochemicals in wholegrain cereals for the prevention of type-2 diabetes. Nutr J 12: 62.

Benkert O, Hippius H (2008) Kompendium der Psychiatrischen Pharmakotherapie. Berlin: Springer.

Benkert O, Hippius H (2011) Kompendium der Psychiatrischen Pharmakotherapie. Berlin: Springer.

Bertenshaw EJ, Lluch A, Yeomans MR (2008) Satiating effects of protein but not carbohydrate consumed in a between-meal beverage context. Physiol Behav 93: 427–436.

Black D, Coe W, Friesen J, Wurzmann A (1984) Minimal interventions for weight control: a cost-effective alternative. Addict Behav 9: 279–285.

Black D, Scherba D (1983) Contracting to problem solve versus contracting to practice behavioral weight loss skills. Behav Ther 14: 100–109.

Block J (1980) Effects of rational emotive therapy an overweights adults. Psychother: Theory, Res and Pract 17: 277–280.

Bouchard C, Pérusse L (1993) Genetics of obesity. Annu Rev Nutr 13: 337–354.

Boutelle KN, Kirschenbaum DS (2012) Further support for consistent self-monitoring as a vital component of successfull weight controll. Obes Res 6: 219–224.

Bray GA, Ryan DH (2012) Medical therapy for the patient with obesity. Circulation 125: 1695–1703.

Brown T, Avenell A, Edmunds LD, Moore H, Avery L, Summerbell C (2009) Systematic review of long-term lifestyle interventions to prevent weight gain and morbidity in adults. Obes Rev 10: 627–638.

Brownell K, Heckerman C, Westlake R, Hayes S, Monti P (1978) The effect of couples training and partner co-operativness in the behavioral treatment of obesity. Behav Res Ther 16: 323–333.

Burke LE, Wang J, Sevick MA (2011) Self-monitoring in weight loss: a systematic review of the literature. J Am Diet Assoc 111: 92–102.

Burnett K, Barr Taylor C, Agras W (1985) Ambulatory computer-assisted therapy for obesity: a new frontier for behavior therapy. J Consult Clin Psychol 53: 698–703.

Bushe CJ, Bradley AJ, Doshi S, Karagianis J (2009) Changes in weight and metabolic parameters during treatment with antipsychotics and metformin: do the data inform as to potential guideline development? A systematic review of clinical studies. Int J Clin Pract 63: 1743–1761.

Butryn ML, Phelan S, Hill JO, Wing RR (2007) Consistent self-monitoring of weight: a key component of successfull weight loss maintenance. Obesity 15: 3091–4006.

Butryn ML, Webb V, Wadden TA (2011) Behavioral treatment of obesity. Psychiatr Clin North Am 34: 841–859.

Cachelin FM, Striegel-Moore RH, Elder KA, Pike KM, Wilfley DE, Fairburn CG (1999) Natural course of a communitiy sample of women with binge eating disorder. Int J Eat Disord 25: 45–54.

Carels RA, Darby L, Cacciapaglia HM, Konrad K, Coit C, Harper J, Kaplar ME, Young K, aylen CA, Versland A (2007) Using motivational interviewing as a supplement to obesity treatment: a stepped-care approach. Health Psychol 26: 369–374.

Carroll L, Yates B (1981) Further evidence for the role of stimulus control training in facilitating weight reduction after behavioral therapy. Behav Ther 12: 287–291.

Catenacci VA, Wyatt HR (2007) The role of physical activity in producing and maintaining weight loss. Nat Clin Pract Endocrinol Metab 3: 518–529.

Chapelot D (2011) The role of snacking in energy balance: a biobehavioral approach. J Nutr 141: 158–162.

Chaudhri OB, Wynne K, Bloom SR (2008) Can gut hormones control appetite and prevent obesity? Diabetes Care 31: 284–289.

Cone RD, Cowley MA, Butler AA, Fan W, Marks DL, Low MJ (2001) The arcuate nucleus as a conduit for diverse signals relevant to energy homeostasis. Int J Obes Relat Metab Disord 25 (Suppl 5): 63–67.

Consensus Development Conference on Antipsychotic Drugs and Obesity and Diabetes (2004) Diabetes Care 27 (http://care.diabetesjournals.org/content/27/2/596.full, Zugriff am 04.08.2013).

Croft H, Houser TL, Jamerson BD, Leadbetter R, Bolden-Watson C, Donahue R, Metz A (2002) Effect on body weight of bupropion sustained-release in patients with major depression treated for 52 weeks. Clin Ther 24: 662–672.

Crow SJ, Agras WS, Halmi K, Mitchell JE, Kraemer HC (2002) Full syndromal versus subthreshold anorexia nervosa, bulimia nervosa and binge eating disorder: A multicenter study. Int J Eat Disord 20: 309–318.

De Zwaan M (2002) Binge eating disorder und Adipositas. Verhaltenstherapie 12: 288–295.

De Zwann M, Müller A (2014) Adipositas: State of the art. Verhaltenstherapie 24: 93–99.

Delzenne N, Blundell J, Brouns F, Cunningham K, De Graaf K, Erkner A, Lluch A, Mars M, Peters HPF, Westerterp-Plantenga M (2010) Gastrointestinal targets of appetite regulation in humans. Obes Rev 11: 234–250.

Dennis K, Pane K, Adams B, Bing Bing Q (1999) The impact of a shipboard weight control program. Obes Res 7: 60–67.

Deutsche Adipositas-Gesellschaft (DAG) e.V., Deutsche Diabetes Gesellschaft (DDG), Deutsche Gesellschaft für Ernährung (DGE) e.V., Deutsche Gesellschaft für Ernährungsmedizin (DGEM) e.V. (2014) Interdisziplinäre Leitlinie der Qualität S3 zur Prävention und Therapie der Adipositas«. (www.adipositas-gesellschaft.de/fileadmin/PDF/¬Leitlinien/S3_Adipositas_Praevention_Therapie_2014.pdf)

Deutsche Geschellschaft für Ernährung (DGE), Österreichische Gesellschaft für Ernährung (ÖGE), Schweizerische Gesellschaft für Ernährung (SEG), Schweizerische Vereinigung für Ernährung (2011) Referenzwerte für Nährstoffzufuhr. Neustadt a.d. Weinstraße: Neuer Umschau Verlag.

Deutsche Gesellschaft für Ernährung (2011) Position – Richtwerte für die Energiezufuhr aus Kohlenhydraten und Fett. Bonn: Deutsche Gesellschaft für Ernährung.

Di Marco ID, Klein DA, Clark VL, Wilson GT (2009) The use of motivational interviewing techniques to enhance the efficacy of guided self-help behavioural weight loss treatment. Eat Behav 10: 134–136.

Douketis JD, Macie C, Thabane L, Williamson DF (2005) Systematic review of long-term weight loss studies in obese adults: clinical significance and applicability to clinical practice. Int J Obes 29: 1153–1167.

Drewnowski A, Mennella JA , Johnson SL, Bellisle F (2012) Sweetness and food preference. J Nutr 142: 1142–1148.

D'Zurilla TJ, Goldfried MR (1971) Problem solving and behavior modification. J Abnorm Psychol 78: 107–126.

Eisele I. (Mack), Hauner H (2006) Gewichtsabnahme ohne Jojo-Effekt ist keine Utopie. Ärztezeitung, Forschung und Praxis 25: 8–12.

Elfhag K, Rossner S (2005) Who succeeds in maintaining weight loss? A conceptual review of factors with weight loss maintenance and weight regain. Obes Rev 6: 67–85.

Elkins G, Whitfield P, Marcus J, Symmonds R, Rodriguez J, Cook T (2005) Noncompliance with behavioral recommendations following bariatric surgery. Obes Surg 15: 546–551.

Esfahani, A, Wong JM, Mirrahimi A, Villa CR, Kendall CW (2011) The application of the glycemic index and glycemic load in weight loss: A review of the clinical evidence. IUBMB Life 63: 7–13.

European Medicines Agency (2013) Refusal of the marketing authorisation for Qsiva (phentermine / topiramate). Outcome of re-examination. http://www.ema.europa.eu/docs/en_GB/document_library/Summary_of_opinion_-_Initial_authorisation/human/002350/WC500139215.pdf, Zugriff am 04.08.2013).

Fairburn CG, Cooper Z, Doll HA, Normal P, O'Conner ME (2000) The natural course of bulimia nervorsa and binge eating disorder in young woman. Arch Gen Psychiatry 57: 659–665.

Fairburn CG, Doll HA, Welch SL, Hay PJ, Davis BA, O'Conner ME (1998) Risk factors for binge-eating disorder: A communitiy based-control study. Arch Gen Psychiatry 55: 425–432.

FDA News Release (Juni 2012) FDA approves Belviq to treat some overweight or obese adults. (http://www.fda.gov/NewsEvents/Newsroom/PressAnnouncements/ucm309993.htm, Zugriff am 04.08.2013).

Fichter MM, Herpertz S, Quadflieg N, Herpertz-Dahlmann B (1998) Structured Interview for Anorexic and Bulimic Disorders for DSM-IV and ICD-10: Updated (third) revision. Int J Eat Disord 24: 227–249.

Fichter MM, Quadflieg N, Hedlund S (2008) Long term course of binge eating disorder and bulimia nervosa: relevance of nosology and diagnostic criteria. Int J Eat Disord 41: 577–586.

Gaillard D, Passilly-Degrace P, Besnard P (2008) Molecular mechanisms of fat preference and overeating. Ann N Y Acad Sci 1141: 163–175.

Ganley RM (1989) Emotion and eating in obesity: A review of the literature. Int J Eat Disord 8: 343–361.

Gariepy G, Nitka D, Schmitz N (2010) The association between obesity and anxiety disorders in the population: a systematic review and meta-analysis. Int J Obes 34: 407–419.

Giel KE, Thiel A, Teufel M, Mayer J, Zipfel (2010) Weight bias in work settings – a qualitative review. Obes Facts 3: 33–40.

Gormally J, Rardin D (1981) Weight loss and maintenance and changes in diet and exercise for behavioral counseling and nutrition education. J Couns Psychol 28: 295–304.

Gregori D, Foltran F, Ghidina M, Berchialla P (2011) Understanding the influence of the snack definition on the association between snacking and obesity: a review. Int J Food Sci Nutr 62: 270–275.

Grucza RA, Przybeck TR, Cloninger CR (2007) Prevalence and correlates of binge eating disorder in a community sample. Compr Psychiat 48: 124.

Grunenberg E, Lin J, Baumeister H (2013) Wirksamkeit web-basierter psychologischer Interventionen zur Gewichtsreduktion – ein systematischer Review. Rehabilitation 52: 182–187.

Hain B, Hünnemeyer K, Rieber N, Wild B, Sauer H, Königsrainer A, Müller B, Herzog W, Zipfel S, Teufel M (2010) Psychodedukation nach Adipositaschirurgie – ein Manual zur strukturierten Nachsorge. Adipositas 4: 125–130.

Hain B, Hünnemeyer K, Teufel M, Rieber N, Wild B (2011) Die Videokonferenz-Gruppe in der psychoedukativen Nachsorge nach Adipositaschirurgie: Die BaSE-Studie. PiD 12: 162–166.

Hamann A (2008) Klinische Aspekte der Adipositas. In: Herpertz S, de Zwaan M, Zipfel S, (Hrsg.) Handbuch Essstörungen und Adipositas. Heidelberg: Springer. S. 271–278.

Hameed S, Dhillo WS, Bloom SR (2009) Gut hormones and appetite control. Oral Dis 15: 18–26.

Hauner H, Bechthold A, Boeing H, Bronstrup A, Buyken A, Leschik-Bonnet E, Linseisen J, Schulze M, Strohm D, Wolfram G (2012) Evidence-based guideline of the German Nutrition Society: carbohydrate intake and prevention of nutrition-related diseases. Ann Nutr Metab 60: 1–58.

Hautzinger M (2013) Verhaltenstherapie bei Depressionen. Weinheim: Beltz.

Hay P (1998) The epidemiology of eating disorder behaviours: An australian community based survey. Int J Eat Disord 23: 371–382.

Hebebrand J, Remschmidt (1995) Das Körpergewicht unter genetischen Aspekten. Med Klinik 7: 403–410.

Hellstrom PM (2013) Satiety signals and obesity. Curr Opin Gastroenterol 29: 222–227.

Heo M, Pietrobelli A, Fontaine KR, Sirey JA, Faith MS (2006) Depressive mood and obesity in US adults: comparison and moderation by sex, age and race. Int J Obes 30: 513–519.

Herpertz S (2008) Adipositas ist mehr als eine Essstörung – die multidimensionale Betrachtung einer Pandemie. Z Psychosom Med Psychother 54: 4–31.

Herpertz S, Zipfel S, de Zwaan M (Hrsg.) (2008) Handbuch Essstörungen und Adipositas. Heidelberg: Springer.

Hession M, Rolland C, Kulkarni U, Wise A, Broom J (2009) Systematic review of randomized controlled trials of low-carbohydrate vs. low-fat/low-calorie diets in the management of obesity and its comorbidities. Obes Rev 10: 36–50.

Hilbert A, Tuschen-Caffier B (2010) Essanfälle und Adipositas. Ein Manual zur kognitiv-behavioralen Therapie der Binge-Eating-Störung. Göttingen: Hogrefe.

Hill JO, Wyatt HR (2005) Role of physical activity in preventing and treating obesity. J Appl Physiol 99: 765–770.

Himmerich H, Schuld A, Pollmächer T (2005) Gewichtszunahme unter Psychopharmakotherapie. Dtsch Arztebl 102(31–32): A-2172 / B-1832 / C-1735.

Hu FB, Li TY, Colditz GA, Willett WC, Manson, JE (2003) Television watching and other sedentary behaviors in relation to risk of obesity and type 2 diabetes mellitus in women. JAMA 289: 1785–1791.

Hudson JI, Coit CE, Lalonde JK, Pope HG (2012) By how much will the proposed new DSM-5 criteria increase the prevalence of binge eating disorder? Int J Eat Disord 45: 139–141.

Hudson JI, Hiripi E, Pope HG, Kessler RC (2007) The prevalence and correlates of eating disorders in the national comorbidity survey replication. Biol Psychiatry 61: 348–358.

Israel A, Saccone A (1979) Follow-up of effects of choice of mediator and target of reinforcement on weight loss. Behav Ther 10: 260–265.

Jackson TD, Grilo CM, Masheb RM (2000) Teasing history, onset of obesity, current eating disorder psychopathology, body dissatisfaction and psychological functioning in binge eating disorder. Obes Res 8: 451–458.

Jakicic JM, Otto AD (2005) Physical activity considerations for the treatment and prevention of obesity. Am J Clin Nutr 82: 226–229.

Jeffery R, Forster, J Snell M (1985) Promoting weight control at the worksite: A pilot program of self-motivation using payroll-based incentives. Prev Med 14: 187–194.

Jeffery R, Wing R (1995) Long-term effects of interventions for weight loss using food provision and monetary incentives. J Consult Clin Psychol 63: 793–796.

Johnson W, Stalonas P, Christ M, Pock S (1979) The development and evaluation of a behavioural weight-reduction program. Int J Obes 3: 229–238.

Kalra SP, Dube MG, Pu S, Xu B, Horvath TL, Kalra PS (1999) Interacting appetite-regulating pathways in the hypothalamic regulation of body weight. Endocr Rev 20: 68–100.

Kaluza S (2004) Stressbewältigung: Trainingsmanual zur psychologischen Gesundheitsförderung. Berlin: Springer.

Kanfer F, Reinecker H, Schmelzer D (2011) Selbstmanagement. Berlin: Springer.

Keifenheim KE, Becker S, Mander J, Giel KE, Zipfel S, Teufel M (2013) Motivational Interviewing – Hintergründe, Methode, Möglichkeiten. Psychother Psych Med 63: 150–160.

Kinzel JF, Traweger C, Trefalt E, Mangweth B, Biebl W (1999) Binge eating disorder in females: A population-based investigation. Int J Eat Disord 25: 287–292.

Kirk SFL, Penney TL, McHugh TFL, Sharma AM (2012) Effective weight management practice: a review of lifestyle intervention evidence. Int J Obes 36: 178–185.

Kivimäki M, Hamer M, Batty GD, Geddes JR, Tabak AG, Pentti J, Virtanen M, Vahtera J. (2010) Antidepressant medication use, weight gain, and risk of type 2 diabetes: a population-based study. Diabetes Care 33: 2611–2616.

Kodama S, Saito K, Tanaka S, Horikawa C, Fujiwara K, Hirasawa R, Yachi Y, Iida KT, Shimano H, Ohashi Y, Yamada N, Sone H (2012) Effekt of web-based lifestyle modification on weight control: a meta-analysis. Int J Obes 36: 675–685.

Kokkinos A, le Roux CW, Alexiadou K, Tentolouris N, Vincent RP, Kyriaki D, Perrea D, Ghatei MA, Bloom SR, Katsilambros N (2009) Eating slowly increases the postprandial response of the anorexigenic gut hormones, peptide YY and glucagon-like peptide-1. J Clin Endocrinol Metab 95: 333–337.

Kruger J, Blanck HM, Gillespie C (2006) Dietary and physical activity behaviors among adults successful at weight loss maintenance. Int J Behav Nutr Phys Act 3: 1–10.

Kruger J, Blanck HM, Gillespie C (2008) Dietary practices, dining out behavior and physical activity correlates of weight loss maintenance. Prev Chronic Dis 5: 1–11.

Kurth BM, Schaffrath Rosario A (2010) Übergewicht und Adipositas bei Kindern und Jugendlichen in Deutschland. Bundesgesundheitsbl 53: 643–652.

Lanfer, A, Hebestreit A, Ahrens W (2010) Diet and eating habits in relation to the development of obesity in children and adolescents. Bundesgesundheitsblatt Gesundheitsforschung Gesundheitsschutz 53: 690–698.

Latner JD, Clyne C (2008) The diagnostic validity of the criteria for binge eating disorder. Int J Eat Disord 41: 1–14.

Lavebratt C, Almgren M, Ekström (2012) Epigenetic regulation in obesity. Int J Obes 36: 757–765.

Le Roux CW, Aylwin SJ, Batterham RL, Borg CM, Coyle F, Prasad V (2006) Gut hormone profiles following bariatric surgery favor an anorectic state, facilitate weight loss, and improve metabolic parameters. Ann Surg 243: 108–114.

Lehrhaupt L, Meibert P (2011) Stress bewältigen mit Achtsamkeit. München: Kösel-Verlag.

Lehrke S, Laessle RG (2003) Adipositas. In: Ehlert U (Hrsg.) Verhaltensmedizin. Berlin: Springer. S. 497–529.

Levitsky DA, Pacanowski CR (2011) Free will and the obesity epidemic. Public Health Nutr 15: 126–141.

Lindahl B, Nilsson TK, Jansson J-H, Asplund K, Hallmans G (1999) Improved fibrinolysis by intense lifestyle intervention. A randomized trial in subjects with impaired glucose tolerance. Intern Med J 246: 105–112.

Look AHEAD Research Group (2014) Eight-year losses with an intensive lifestyle intervention: the look AHEAD study. Obesity 22: 5–13.

Luppino FS, de Wit LM, Bouvy PF, Stijnen T, Cuijpers P, Penninx B, Zitman FG (2010) Overweight, obesity, and depression. A systematic review and meta-analysis of longitudinal studies. Arch Gen Psychiatry 67: 220–229.

Mack I, Hauner H (2007) Kohlenhydratarme Kostformen unter die Lupe genommen. ErnUm 54: 720–726.

Makris A, Foster GD (2011) Dietary approaches to the treatment of obesity. Psychiatr Clin North Am 34: 813–827.
Margraf J, Schneider S (2014) Panik: Angstanfälle und ihre Behandlung. Springer: Berlin.
Martinez-Gonzales MA, Martinez JA, Hu FB, Gibney MJ, Kearney J (1999) Physical inactivity, sedentary lifestyle and obesity in the European Union. Int J Obes Relat Metab Disord 23: 1192–1201.
Max-Rubner-Institut (2008) Nationale Verzehrsstudie II. Ergebnisbericht Teil 1. Karlsruhe.
McElroy SL, Kotwal R, Malhotra S, Nelson EB, Keck PE, Nemeroff CB (2004) Are mood disorders and obesity related? A review for the mental health professional. J Clin Psychiatry 65: 634–651.
Mensink GB, Schienkiewitz A, Haftenberger M, Lampert T, Ziese T, Schiedt-Nave C (2013) Übergewicht und Adipositas in Deutschland. Ergebnisse der Studie zur Gesundheit Erwachsener in Deutschland (DEGS1). Bundesgesundheitsbl 56: 786–794.
Mesas, AE, Munoz-Pareja M, Lopez-Garcia E, Rodríguez-Artalejo F (2012) Selected eating behaviours and excess body weight: a systematic review. Obes Rev 13: 106–135.
Middleton RK, Patidar SM, Perri MG (2012) The impact of extended care on long-term maintenance of weight loss: a systematic review and meta-analysis. Obes Rev 13: 509–517.
Miller WR, Rollnick S (2009) Motivierende Gesprächsführung. Freiburg i. Br.: Lambertus.
Miller WR, Rollnick S (1991) Motivational interviewing: Preparing people to change addictive behavior. New York: Guilford Press.
Mitchell JE, Devlin MJ, De Zwaan M, Crow SJ, Peterson CB (2008) Binge-eating disorder. Clinical foundations and treatment. New York: Guilford Press.
Mühlhans B, De Zwaan M (2008) Psychische Komorbidität bei Adipositas. Adipositas 2: 148–154.
Müller DJ, Peter C, Puls I, Brandl EJ, Lang UE, Gallinat J, Heinz A (2009) Genetik der antipsychotika-assoziierten Gewichtszunahme. Nervenarzt 80: 556–563.
Munsch S (2011) Hilfe für Betroffene mit Binge-Eating-Störung (Essanfällen) und deren Angehörige. Weinheim: Beltz Verlag.
Munsch S (2003) Binge Eating. Weinheim: Beltz Verlag.
Murphy KG, Bloom SR (2004) Gut hormones in the control of appetite. Exp Physiol 89: 507–516.
Murphy KG, Bloom SR (2006) Gut hormones and the regulation of energy homeostasis. Nature 444: 854–859.
Nationale VersorgungsLeitlinie Unipolare Depression Langfassung Version 1.3 Januar 2012 basierend auf der Fassung von November 2009 (http://www.depression.versorgungsleitlinien.de/, Zugriff am 04.08.2013).
Oldroyd J, Unwin N, White M, Imrie K, Mathers JC, Alberti KG (2001) Randomised controlled trial evaluating the effectiveness of behavioral interventions to modify cardiovascular risk factors in men and women with impaired glucose tolerance: outcomes at 6 months. Diabetes Res Clin Pract 52: 29–43.
Pan A, Hu FB (2011) Effects of carbohydrates on satiety: differences between liquid and solid food. Curr Opin Clin Nutr Metab Care 14: 385–390.
Perri MG (1998) The maintenance of treatment effects in the long-term management of obesity. Clin Psychol 5: 526–543.
Perri MG, Corsica JA (2002) Improving the maintenance of weight lost in behavioural treatment of obesity. In: Wadden TA, Stunkard AJ (Hrsg.) Handbook of Obesity Treatment. New York: Guilford, 2000. S. 357–379.
Perry B, Wang Y (2012) Appetite regulation and weight control: the role of gut hormones. Nutr Diabetes 2: e26.
Peterson CB, Swanson SA, Crow SJ, Mitchell JE, Agras WS, Halmi KA, Crosby RD, Wonderlich SA, Berg KC (2012) Longitudinal stability of binge-eating-type in eating disorders. Int J Eat Disord 45: 664–669.
Pijl H, Meinders AE (1996) Bodyweight change as an adverse effect of drug treatment. Mechanisms and management. Drug Saf 14: 329–342.

Pliner P, Bell R, Hirsch ES, Kinchla M (2006) Meal duration mediates the effect of »social facilitation« on eating in humans. Appetite 46: 189–198.

Pope HG, Lalonde JK, Pindyck LJ, Walsh T, Bulik CM, Crow SJ, McElroy SL, Rosenthal N, Hudson JI (2006) Binge eating disorder: A stable syndrome. Am J Psychiatry 163: 2181–2183.

Potreck-Rose F, Jacob G (2008) Selbstzuwendung, Selbstakzeptanz, Selbstvertrauen. Psychotherapeutische Interventionen zum Aufbau von Selbstwertgefühl. Stuttgart: Klett-Cotta Verlag. Reihe: Leben lernen – 163.

Pournaras DJ, Le Roux CW (2009) The effect of bariatric surgery on gut hormones that alter appetite. Diabetes Metab 35: 508–512.

Rees K, Dyakova M, Ward K, Thorogood M, Brunner E (2013) Dietary advice for reducing cardiovascular risk. Cochrane Database Syst Rev 3: CD002128.

Rickel KA, Milsom VA, Ross KM, Hoover VJ, Peterson ND, Perri MG (2011) Differential response of African-American and Caucasian women to extended-care programms for obesity management. Ethn Dis 21: 170–175.

Rieber N, Hilbert A, Teufel M, Giel KE, Warschburger P, Zipfel S (2010a) Gewichtsstabilisierung nach Gewichtsreduktion: Eine kritische Bestandsaufnahme zu Prädiktoren und Intervention. Adipositas 3: 115–124.

Rieber N, Wild B, Zipfel S, Sauer H, Hain B, Hünnemeyer K, Kramer M, Bischoff SC, Herzog W, Teufel (2010b) Selbsthilfe, Psychoedukation und Gruppenpsychotherapie bei Adipositaschirurgie – ein systematischer Literaturüberblick. Adipositas 4: 115–124.

Robinson E, Aveyard P, Daley A, Jolly K, Lewis A, Lycett D, Higgs S (2013) Eating attentively: a systematic review and meta-analysis of the effect of food intake memory and awareness on eating. Am J Clin Nutr 97: 728–742.

Rodgers RJ, Tschöp MH, Wilding JP (2012) Anti-obesity drugs: past, present and future. Dis Model Mech 5: 621–626.

Rosen JC (2002) Obesity and body image. In: Fairburn CG, Brownell KD (Hrsg.) Eating disorder and obesity. A comprehensive handbook. New York: Guilford. S. 399–402.

Ross Middleton KM, Patidar SM. Perri MG (2012) The impact of extended care on the long-term maintenance of weight loss: a stystematic review and meta-analysis. Obes Rev 13: 507–517.

Rozensky R, Bellack A (1976) Individual differences in self-reinforcement style and performance in self- and therapist-controlled weight reduction programs. Behav Res Ther 14: 357–364.

Ryden A, Torgerson JS (2006) The Swedish obese subjects study – what hat been accomplished to date? Surg Obes Relat Dis 2: 549–560.

Saccone A, Israel A (1978) Effects of experimenter versus significant other-controlled reinforcement and choice of target behavior on weight loss. Behav Ther 9: 271–278.

Saunders R (2004) Post-surgery group therapy for gastric bypass patients. Obes Surg 14: 1128–1131.

Saunders R (2012) Postsurgery psychotherapy in psychosocial assessment and treatment of bariatric surgery patients. In: Mitchell JE, de Zwann M (Hrsg.) Psychosocial assessment and treatment of bariatric surgery patients. New York: Routledge. S. 250–259.

Schag K, Schönleber J, Teufel M, Zipfel S, Giel K (2012) Food-related impulsivity in obesity in binge eating disorder – a systematic review. Obes Rev 14: 477–495.

Schusdziarra V, Hausmann M (2007) Satt essen und abnehmen – Individuelle Ernährungsumstellung ohne Diät. Neu Isenburg: MMI Der Wissensverlag.

Schusdziarra V, Hausmann M, Wiedemann J, Hess J, Barth C, Wagenpfeil S, Erdmann J (2011a) Successful weight loss and maintenance in everyday clinical practice with an individually tailored change of eating habits on the basis of food energy density. Eur J Nutr 50: 351–361.

Schusdziarra, V, Hausmann M, Sassen M, Kellner M, Mittermeier J, Erdmann J (2011b) Dietary fiber, energy intake and food consumption. Aktuelle Ernährungsmedizin 36: 23–30.

Schusdziarra V, Sassen M, Hausmann M, Barth J, Erdmann J (2009) Food intake of overweight and obese subjects. Aktuelle Ernährungsmedizin 34: 19–32.
Schusdziarra, V, Hausmann M, Wittke C, Mittermeier J, Kellner M, Wagenpfeil S, Erdmann J (2010) Contribution of energy density and food quantity to short-term fluctuations of energy intake in normal weight and obese subjects. Eur J Nutr 49: 37–43.
Seo DC, Sa J (2008) A meta-analysis of psychobehavioral obesity interventions among US multiethnic and minority adulds. Prev Med 47: 573–582.
Sharma AM, Kushner RF (2009) A proposed clinical staging system for obesity. Int J Obes 33: 289–295.
Shaw K, O Rourke P, Mar C, Kenardy J (2009) Psychological interventions for overweight or obesity. The Cochrane Library 1.
Sikorski C, Luppa M, Kaiser M, Glaesmer H, Schomerus G, König HH, Riedel-Heller SG (2011) The stigma of obesity in the general public and its implications for public health – a systematic review. BMC Public Health 11: 661.
Sjöström L, Narbro K, Sjöström CD, Karason K, Larsson B, Wedel H, Lystig T, Sullivan M, Bouchard C, Carlsson B, Bengtsson C, Dahlgren S, Gummesson A, Jacobson P, Karlsson J, Lindroos AK, Lönroth H, Näslund I, Olbers T, Stenlöf K, Torgerson J, Agren G, Carlsson LM, Swedish Obese Subjects Study (2007) Effects of bariatric surgery on mortality in Swedish obese subjects. N Engl J Med 357: 741–752.
Slavin J (2012) Beverages and body weight: challenges in the evidence-based review process of the Carbohydrate Subcommittee from the 2010 Dietary Guidelines Advisory Committee. Nutr Rev 70: 111–120.
Söderlund A, Fischer A, Johannsson T (2009) Physical activity, diet and behaviour modification in the treatment of overweight and obese adults: a systematic review. Perspect Public Heal 129: 132–142.
Spiegelman BM, Flier JS (2001) Obesity and the regulation of energy balance. Cell 104: 531–543.
Stahre L, Hällström T (2005) A short term cognitive group treatment program gives substantial weight reduction up to 18 months from the end of treatment. A randomized controlled trial. Eat Weight Disord 10: 51–58.
Stahre L, Tärnell B, Hakanson CE, Hällström T (2007) A randomized controlled trial of two weight-reducing short-term group treatment programs for obesity with an 18-month follow-up. Int J Behav Med 14: 48–55.
Steenhuis I, Vermeer WM (2009) Portion size: review and framework for interventions. Int J Behav Nutr Phys Act 6: 58.
Stevens V, Obarzanek E, Cook N, Lee IM, Appel LJ, Smith West D, Milas NC, Mattfeldt-Beman M, Belden L, Bragg C, Millstone M, Raczynski J, Brewer A, Singh B, Cohen J, Trials for the Hypertension Prevention Research Group (2001) Longterm weight loss and changes in blood pressure: results of the trial of hypertension prevention, phase II. Annu Intern Med 134: 1–11.
Striegel-Moore RH, Cachelin, FM, Dohm FA, Pike KM, Wilfley DE, Fairburn CG (2001) Comparison of binge eating disorder and bulimia nervosa in a community sample. Int J Eat Disord 29: 157–165.
Tanofsky-Kraff M, Bulik CM, Marcus MD, Striegel RH, Wilfley DE, Wonderlich SA, Hudson JI (2013) Binge eating disorder: the next generation of research. Int J Eat Disord 46: 193–207.
Teixeira PJ, Silva MN, Coutinho SR, Palmeira AL, Mata J, Vieira PN, Carraça EV, Santos TC, Sardinha LB (2010) Mediators of weight loss and weight loss maintenance in middle-aged women. Obesity 18: 725–735.
Telch CF, Agras WS, Rossiter EM (1988) Binge eating increases with increasing adiposity. Int J Eat Disord 7: 115–119.
Teufel M, Becker S, Rieber N, Stephan K, Zipfel S (2011) Psychotherapie und Adipositas: Strategien, Herausforderungen und Chancen. Nervenarzt 82: 1133–1139.
Teufel M, Hain B, Rieber N, Herzog W, Zipfel S, Wild B (2012) The BaSE Program – A videoconferencing-based aftercare in psychosocial assessment and treatment of bariatric surgery patients. In: Mitchell JE, de Zwann M (Hrsg.) Psychosocial as-

sessment and treatment of bariatric surgery patients. New York: Routledge. S. 241–249.
Teufel M, Zipfel S (2013) Verhaltensmodifikation – Psychotherapeutische Strategien in der Behandlung von Adipositas. In: Hauner H, Wirth A (Hrsg.) Adipositas. Berlin: Springer. S. 310–318.
Tewari, N, Awad S, Lobo DN (2013) Regulation of food intake after surgery and the gut brain axis. Curr Opin Clin Nutr Metab Care 16: 569–575.
Thomas JA, Bond DS, Phelan S, Hill JO, Wing RR (2014) Weight-loss maintenance for 10 years in the National Weight Control Registry. Am J Prev Med 46: 17–23.
Treasure J, Claudino AM, Zucker N (2010) Eating disorders. Lancet 13: 583–593.
Turk MW, Yang K, Hravnak M, Sereika SM, Ewing LJ, Burke LE (2009) Randomized clinical trials of weight loss maintenance a review. J Cardiovasc Nurs 24: 58–80.
Veselinovic T, Himmerich H (2010) Antihistaminerge Antipsychotika verursachen Gewichtszunahme. Nervenarzt 81: 329–334.
Vocks S, Pietrowsky R, Tuschen-Caffier B, Kersting A, Hagenah U, Salbach-Andrae H, Herpertz S (2011) Binge-Eating-Störung. In Herpertz S, Herpertz-Dahlmann B, Fichter M, Tuschen-Caffier B, Zeeck A (Hrsg.) S-3 Leitlinie Diagnostik und Behandlung der Essstörungen. Berlin: Springer.
Wadden TA, Butryn ML (2003) Behavioural treatment of obesity. Endocrinol Metab Clin North Am 32: 981–1003.
Wadden TA, Butryn ML, Wilson C (2007) Lifestyle modification for the management of obesity. Gastroenterology 132: 2226–2238.
Wadden TA, Foster GD (2000) Behavioural treatment of obesity. Med Clin North Am 84: 441–461.
Wadden TA, Webb VL, Moran CH, Bailer BA (2012) Lifestyle modification for obesity. New developments in diet, physical activity and behavior therapy. Circulation 125: 1157–1170.
Westra HA, Aviram A, Doell FK (2011) Extending motivational interviewing to the treatment of major mental health problems: current directions and evidence. Can J Psychiatry 56: 643–650.
Wilfley DE, Bishop ME, Wilson GT, Agras WS (2007) Classification of eating disorders: Toward DSM-IV. Int J Eat Disord 40: 123–129.
Williams G, Bing C, Cai XJ, Harrold JA, King PJ, Liu XH (2001) The hypothalamus and the control of energy homeostasis: different circuits, different purposes. Physiol Behav 74: 683–701.
Williamson DA, Martin CK (1999) Binge eating disorder: A review of the literature after publication of DSM-IV. Eat Weight Disord 4: 103–114.
Wilson GT, Wilfley DE, Agras WS, Bryson SW (2010) Psychological treatments of binge eating disorder. Arch Gen Psychiatry 67: 94–101.
Wing RR (1999) Physical activity in the treatment of the adulthood overweight and obesity: current evidence and research issues. Med Sci Sports Exerc 31: 547–552.
Wing RR, Epstein LH, Marcus M, Koeske R (1984) Intermittent low-calorie regimen and booster sessions in the treatment of obesity. Behav Res Ther 22: 445–449.
Wing RR, Epstein LH, Nowalk MP, Koeske R, Hagg S (1985) Behavior change, weight loss, and physiological improvements in type II diabetic patients. J Consult Clin Psychol 53: 111–122.
Wing RR, Hill JO (2001) Successfull weight loss maintenance. Annu Rev Nutr 21: 323–341.
Wing RR, Jeffery R, Burton LR, Thorson C, Nissinoff KS, Baxter JE (1996) Food provision vs structured meal plans in the behavioral treatment of obesity. Int J Obes 20: 56–62.
Wing RR, Marcus M, Epstein LH, Jawad A (1991) A `family-based` approach to the treatment of obese type II diabetic patients. J Couns Clin Psychol 59: 156–162.
Wing RR, Phelan S (2005) Long-term weight loss maintenance. Am J Clin Nutr 82: 222–224.
Wing RR, Tate DF, Gorin AA, Raynor HA, Fava JL (2006) A self-regulation program for maintenance of weight loss. N Engl J Med 355: 1563–1571.

Wirth A (2008a) Ätiologie und Diagnostik der Adipositas. In: Herpertz S, de Zwaan M, Zipfel S (Hrsg.) Handbuch Essstörungen und Adipositas. Berlin: Springer. S. 246–254.

Wirth A (2008b) Adipositas: Ätiologie, Folgekrankheiten, Diagnose, Therapie. Heidelberg: Springer.

Wolf A, Bray GA, Popkin BM (2008) A short history of beverages and how our body treats them. Obes Rev 9: 151–164.

World Health Organization (2000) Obesity: preventing and managing the global epidemic report of a WHO consultation. World Health Organ Tech Rep Ser 894: 1–253.

Wu T, Gao X, Chen M, van Dam RM (2009) Long-term effectiveness of diet-plus-exercise interventions vs. diet-only interventions for weight loss: a meta-analysis. Obes Rev 10: 313–323.

Wycherley TP, Moran LJ, Clifton PM, Noakes N, Brinkworth GD (2012) Effects of energy-restricted high-protein, low-fat compared with standard-protein, low-fat diets: a meta-analysis of randomized controlled trials. Am J Clin Nutr 96: 1281–1298.

Yang W, Kelly T, He J (2007) Genetic epidemiology of obesity. Epidemiol Rev 29: 49–61.

Anke Rohde/Valenka Dorsch
Christof Schaefer

Psychisch krank und schwanger – geht das?
Ein Ratgeber zu Kinderwunsch, Schwangerschaft, Stillzeit und Psychopharmaka

2014. 248 Seiten mit 2 Abb. und 3 Tab. Kart.
€ 24,99
ISBN 978-3-17-022115-4
Rat & Hilfe

Frauen mit psychischer Störung sind oft bereits in jungem Alter erkrankt, wenn die Familienplanung noch nicht abgeschlossen ist. Bezüglich Psychopharmaka in Schwangerschaft und Stillzeit gibt es vielfältige Ängste, unterschiedlichste ärztliche Empfehlungen tragen zur Verunsicherung bei. Der Ratgeber informiert umfassend zu diesem Thema. Neben möglichen Auswirkungen von Psychopharmaka auf das Kind wird auf Betreuungsbedürfnisse von betroffenen Frauen in der Schwangerschaft und nach der Geburt eingegangen. Fallbeispiele und Erfahrungsberichte veranschaulichen Behandlungsmöglichkeiten und zeigen Mut machende individuelle Verläufe.

Leseproben und weitere Informationen unter www.kohlhammer.de

W. Kohlhammer GmbH · 70549 Stuttgart
vertrieb@kohlhammer.de

Adrian Fröhlich

Die erschöpfte Begeisterung

Das Phänomen Burnout – eine integrale Sicht aus der psychotherapeutischen Praxis

2015. 188 Seiten mit 10 Abb. Kart.
€ 34,99
ISBN 978-3-17-024822-9

Das weitverbreitete Phänomen Burnout erfährt in diesem Werk eine gleichermaßen innovative, tiefschürfende und kritische Beleuchtung. Das Buch liefert Betroffenen sowie Therapeuten die Basis für eine integrative Auseinandersetzung auf psychologischer, philosophischer und biologischer Ebene. „Ausgebrannte" werden befähigt, sich der Breite und Tiefe ihrer gefühlten Problematik stellen zu können. Von der analytisch-tiefenpsychologischen bzw. kognitiv-verhaltenspsychologischen Sicht, über die Stresstheorie, bis hin zur biologistischen Betrachtung deckt der Autor vor dem Hintergrund seiner langjährigen Praxiserfahrung die für den Betroffenen wesentlichen Aspekte auf.

Leseproben und weitere Informationen unter www.kohlhammer.de

W. Kohlhammer GmbH · 70549 Stuttgart
vertrieb@kohlhammer.de

Kohlhammer

Isa Sammet/Gerhard Dammann
Günter Schiepek (Hrsg.)

**Der psycho-
therapeutische Prozess**
Forschung für die Praxis

*2015. 236 Seiten mit 51 Abb.
und 10 Tab. Kart.
€ 39,99
ISBN 978-3-17-024814-4*

Psychotherapie in Psychiatrie
und Psychosomatik

Während die Wirksamkeit psychotherapeutischer Behandlung vielfach empirisch belegt wurde, werden die Wirkfaktoren des therapeutischen Prozesses in der wissenschaftlichen Gemeinschaft noch umfassend diskutiert. Mit Kapiteln zu Veränderungsprozessen in der Psychotherapie, Prozess-Monitoring und therapeutischem Feedback, der Bedeutung der therapeutischen Beziehung im therapeutischen Prozess sowie Gestalt und Gestaltung dieses Prozesses leistet das vorliegende Werk einen Beitrag zu einer integrativen Psychotherapie und gibt Anstöße zur Überwindung einer schulenorientierten Psychotherapie.

Leseproben und weitere Informationen unter www.kohlhammer.de

W. Kohlhammer GmbH · 70549 Stuttgart
vertrieb@kohlhammer.de